Martin Kuckenburg

Reflexionen der Urzeit

Essays
zur Entwicklungsgeschichte des Menschen

Paläolithikum-Edition

Bibliographische Information der Deutschen Nationalbibliothek: Die Deutsche Nationalbibliothek verzeichnet diese Publikation in der Deutschen Nationalbibliographie; detaillierte bibliographische Daten sind im Internet über dnb.dnb.de abrufbar.

Herstellung und Verlag: BoD - Books on Demand, Norderstedt

ISBN: 9783744869195

Inhaltsverzeichnis

Anhang

Vorwort

Der vorliegende Band enthält fünf bislang zum Teil unveröffentlichte Essays und Aufsätze, die ich zwischen 1981 und 2006 zur Entwicklungsgeschichte des Menschen verfaßt habe. Der thematische Bogen spannt sich dabei von der nüchternen Bestandsaufnahme archäologischer Fakten bis zum engagierten, ja leidenschaftlichen wissenschaftlichen Diskussionsbeitrag. Vier der fünf Essays befassen sich mit unseren frühesten Vorfahren in der Altsteinzeit und damit zugleich den schon seit über 150 Jahren intensiv und kontrovers diskutierten Fragen, woher wir kommen, wann und auf welche Weise sich unser Geist und unsere Kultur herausbildeten und ab welchem Zeitpunkt man mit Fug und Recht vom ‚Menschen‘ sprechen kann.

Der Anlaß für diese ‚private‘ E-Book- und *Print-on-Demand*-Veröffentlichung ist vordergründig eher banal. Während des Jahres 2016 konvertierte und ordnete ich mein digitales Archiv und wurde mir dabei zum ersten Mal bewußt, wie viele abgeschlossene, ‚fertige‘ Texte ich im Lauf der letzten dreißig Jahre verfaßt habe, die aus den unterschiedlichsten Gründen nicht oder nur an sehr entlegenen Stellen veröffentlicht wurden. ‚Abgeschlossene Texte‘ meint dabei keine von mir ursprünglich verworfenen Manuskripte oder qualitativ minderwertigen Festplattenmüll, sondern zum Beispiel nur einmal gehaltene Vorträge, in wenig bekannten Sammelwerken publizierte Aufsätze oder mit zum Teil erheblichem Aufwand erarbeitete Artikelentwürfe, die nur deshalb nicht gedruckt wurden, weil die betreffende Zeitschrift beispielsweise kurz vorher schon einen ähnlichen Artikel im Blatt hatte und thematische Wiederholungen vermeiden wollte.

Insgesamt dürften fast die Hälfte der in meiner dreißigjährigen Arbeit als Wissenschaftsautor fertiggestellten Texte und Manuskripte aus solchen oder ähnlichen Gründen nicht den Weg zu einem größeren Leserkreis gefunden haben, für den ich sie eigentlich verfaßt hatte. Da ich mittlerweile über sechzig Jahre alt bin, wird die Aussicht immer geringer, dass diese mir wichtigen und teuren Texte künftig noch einmal in einem größeren Buch Verwendung finden werden. Ihre gewissermaßen ‚private‘ Veröffentlichung im Rahmen von E- und *Print on Demand*-Books erscheint mir daher als die beste Möglichkeit, dafür zu sorgen, dass sie nicht eines Tages völlig verloren gehen.

Die in diesem Band zusammengestellten Essays zur Entwicklungsgeschichte des Menschen stehen zunächst einmal für sich selbst, sind aufgrund ihrer großen Zeit- und Themenspanne aber natürlich auch ein Spiegelbild meiner jahrzehntelangen Tätigkeit als Wissenschaftsautor und erschließen sich zum Teil erst vor diesem Hintergrund zur Gänze. Beispielsweise handeln die beiden ersten Beiträge von der marxistischen Tradition in der Urgeschichtsforschung und erfordern fast zwingend eine kurze Erläuterung, da der Grund meiner ausführlichen Beschäftigung mit diesem spezifischen Thema den meisten Lesern wohl sonst eher rätselhaft bliebe.

Dies brachte mich auf die Idee, allen Texten eine kurze biographische Erläuterung hinzuzufügen, die dem Leser einige knappe Informationen über die Hintergründe und Motive ihrer Entstehung geben soll. Damit das ‚autobiographische‘ Element indes nicht zu stark in den Vordergrund tritt, habe ich diese Hinweise den Beiträgen nicht vorangestellt, sondern jeweils in Form einer ‚editorischen Notiz‘ in den Anhang des Buches gesetzt, wo sie an diesem Aspekt nicht so sehr interessierte Leser nicht stören. Bei vorhandenem Interesse lohnt sich eine Lektüre des Buchanhangs hingegen in jedem Fall.

Ein erläuterndes Wort ist vielleicht zum Begriff ‚unveröffentlicht‘ zu sagen. Dieser Terminus trifft auf einen Teil der Beiträge dieser Essaysammlung uneingeschränkt zu, nicht jedoch auf alle, da sie auch Texte aus zwei früheren, schon länger vergriffenen Büchern von mir enthält, deren Rechte mittlerweile wieder bei mir liegen. Er ist aber selbst dort ein Stück weit berechtigt, da in dieser Neuausgabe erstmals meine ursprünglichen Manuskriptversionen zum Abdruck kommen, die sich von den früheren Lektoratsversionen der Verlage in zahlreichen Details unterscheiden und zumeist auch deutlich länger sind als sie. Auch in diesen Fällen wird der Leser, der die ursprüngliche Buchversion bereits kennt, also auf manches Neue stoßen.

Bei einem derartigen Neudruck bis zu zwanzig Jahre alter Texte stellt sich naturgemäß die Frage nach der Notwendigkeit und dem Umfang ihrer Überarbeitung und Aktualisierung. Ich habe bei den in diesem Band zusammengestellten Essays generell nicht in die grundlegende Textstruktur eingegriffen und insbesondere der Versuchung widerstanden, einzelne Argumente nachträglich ‚zurechtzubiegen‘, um sie aus heutiger Sicht überzeugender zu machen. Die Beiträge geben also weitgehend unverändert meine damaligen Gedanken und Formulierungen wieder - lediglich einzelne Absätze habe ich hier und dort sprachlich etwas geglättet und gestrafft, um sie besser lesbar zu machen.

Alle Daten und Faktenangaben sind durchgehend aktualisiert (beispielweise Beginn des Jungpaläolithikums vor heute 40 000 statt wie noch zu meiner Studienzeit vor 32 000 Jahren), wobei mir als generelle Leitlinie galt, die Texte zwar einerseits weitestmöglich unverändert und authentisch zu belassen, andererseits aber doch sicherzustellen, dass sie nichts mittlerweile Überholtes oder Falsches enthalten. Sie sollen auch heute noch in vollem Umfang zutreffend und stimmig sein, auch wenn ich mittlerweile vielleicht den einen oder anderen Akzent etwas anders setzen würde. Wo mir hier oder dort doch einmal eine etwas ausführlichere Erläuterung oder Ergänzung sinnvoll oder notwendig erschien, habe ich sie als Anmerkung in den Anhang des Buches eingefügt, um den Haupttext nicht zu stark zu verändern.

Das vorliegende E- und *Print-on-Demand*-Book ist für mich eine Art ‚Versuchsballon‘ - sollte es einen gewissen Zuspruch erfahren, so könnten weitere ähnliche Bände über die Kelten, über Sprach- und Schriftgeschichte sowie über andere meiner Schwerpunktthemen folgen. Publikationswürdige Texte wären wie erwähnt zur Genüge vorhanden, und ich würde mich freuen, wenn ich sie peu à peu interessierten Lesern in vergleichbarer Form zugänglich machen und so zugleich vor dem Verlust bewahren könnte.

Tübingen im Juli 2017   Martin Kuckenburg

Vorgeschichte
und materialistische
Geschichtsauffassung

(Unveröffentlichter Text von 1981 - vgl. die Editorische Notiz im Anhang)

„Wie Darwin das Gesetz der Entwicklung der organischen Natur, so entdeckte Marx das Entwicklungsgesetz der menschlichen Geschichte: Die bisher unter ideologischen Überwucherungen verdeckte einfache Tatsache, daß die Menschen vor allen Dingen zuerst essen, trinken, wohnen und sich kleiden müssen, ehe sie Politik, Wissenschaft, Kunst, Religion usw. treiben können; daß also die Produktion der unmittelbaren materiellen Lebensmittel und damit die jedesmalige ökonomische Entwicklungsstufe eines Volkes oder eines Zeitabschnitts die Grundlage bildet, aus der sich die Staatseinrichtungen, die Rechtsanschauungen, die Kunst und selbst die religiösen Vorstellungen der betreffenden Menschen entwickelt haben, und aus der sie daher auch erklärt werden müssen - nicht, wie bisher geschehen, umgekehrt." (1)

„Es war nicht nur für die Ökonomie, es war für alle historischen Wissenschaften (...) eine revolutionierende Entdeckung, dieser Satz: ,daß die Produktionsweise des materiellen Lebens den sozialen, politischen und geistigen Lebensprozeß überhaupt bedingt'; daß alle gesellschaftlichen und staatlichen Verhältnisse, alle religiösen und Rechtssysteme, alle theoretischen Anschauungen, die in der Geschichte auftauchen, nur dann zu begreifen sind, wenn die materiellen Lebensbedingungen der jedesmaligen entsprechenden Epoche begriffen sind und erstere aus diesen materiellen Bedingungen abgeleitet werden. ,Es ist nicht das Bewußtsein der Menschen, das ihr Sein, sondern ihr gesellschaftliches Sein, das ihr Bewußtsein bestimmt'. Der Satz ist so einfach, daß er für jeden sich von selbst verstehen müßte, der nicht in idealistischem Schwindel festgerannt ist." (2)

„Nach der materialistischen Auffassung ist das in letzter Instanz bestimmende Moment in der Geschichte: Die Produktion und Reproduktion des unmittelbaren Lebens. Diese ist aber selbst wieder doppelter Art. Einerseits die Erzeugung von Lebensmitteln, von Gegenständen der Nahrung, Kleidung, Wohnung und den dazu erforderlichen Werkzeugen; andererseits die Erzeugung von Menschen selbst, die Fortpflanzung der Gattung. Die gesellschaftlichen Einrichtungen, unter denen die Menschen einer bestimmten Geschichtsepoche und eines bestimmten Landes leben, werden bedingt durch beide Arten der Produktion: Durch die Entwicklungsstufe einerseits der Arbeit, andrerseits der Familie.“ (3)

So umriß der Mitbegründer des Marxismus, Friedrich Engels, vor über hundert Jahren in kurzen Worten die materialistische Geschichtsauffassung, deren Herausarbeitung Marx und er übrigens keineswegs für sich allein beanspruchten und die sie auch nicht als Monopol der sozialistischen Arbeiterbewegung betrachteten. (4) Der britische Prähistoriker Vere Gordon Childe schrieb 1956 dazu:

„Marx bestand auf dem unbedingten Vorrang der wirtschaftlichen Bedingungen, der Produktivkräfte der Gesellschaft und der Anwendungen der Wissenschaft als Faktoren im Wandel der Geschichte. Diese Art von Geschichtswissenschaft kann natürlicherweise mit dem, was man als Vorgeschichte bezeichnet, eng verbunden werden. Der Archäologe sammelt, ordnet und vergleicht die Werkzeuge und Waffen unserer Vorfahren und Vorläufer, durchforscht die Häuser, die sie gebaut haben, die Felder, die sie bestellten, die Nahrung, die sie verzehrten (oder vielmehr, die sie wegwarfen). Da finden sich Geräte und Werkzeuge der Produktion, charakteristisch für Wirtschaftssysteme, die in keiner schriftlichen Urkunde beschrieben sind. Wie jede moderne Maschine oder Konstruktion sind diese uralten Überreste und Denkmäler Anwendungen zeitgenössischer Kenntnisse oder Wissenschaften...“ (5)

Die Vorgeschichtsforschung ist - da schriftliche Überlieferungen in aller Regel fehlen - auf solche materiellen Hinterlassenschaften als meist einzige Erkenntnisquelle angewiesen. Sie aber geben keine Aufschlüsse über das Wirken einzelner Individuen, liefern keine Details über das Hin und Her politischer

Tagesereignisse. Sie zeigen nur die Grundlinien des damaligen Sich-Ernährens, Arbeitens, Wohnens, Lebens sowie anonyme Organisations- und Machtstrukturen. An die Stelle handelnder Menschen treten sozial-ökonomische Verhältnisse. Möglicherweise verwickelte gesellschaftliche, politische oder kriegerische Einzelereignisse entziehen sich von vorn herein unserem Blick, das Fundmaterial macht in aller Regel nur solche Grundabläufe erschließbar, die direkt in die Lebensweise eingreifen - Geschichte wird zu Kulturgeschichte.

„Da der Vorgeschichte jede schriftliche Beweisurkunde fehlt, kann sie niemals die Namen ihrer handelnden Personen ausfindig machen, noch die Einzelheiten ihres Privatlebens aufdecken. Selten kann sie auch nur die Völker benennen, deren Wanderungen einige Prähistoriker ausfindig zu machen suchen",

so Childe. (6)

„Indem wir also von der Geschichte, die in der Hauptsache auf geschriebener Überlieferung beruht, unsern Schritt rückwärts in vorgeschichtliche Zeiten, das eigentliche Gebiet des Archäologen, lenken, müssen wir Perioden an die Stelle der Daten und Völkerbewegungen an die Stelle von Handlungen einzelner Personen treten lassen. Wir geben ein mit breiterem Pinsel gemaltes impressionistisches Gemälde, das deshalb durchaus nicht weniger wahr zu sein braucht",

so sein Kollege Leonard Woolley. (7)

Dieser Zwang zum Holzschnittartig-Groben aufgrund der beschränkten Quellenlage ist einerseits eine schmerzliche Fessel. Gerne wüßten wir mehr über die Gründe und Motive für Wanderungen, kriegerische Auseinandersetzungen, Veränderungen der überkommenen Traditionen, Revolutionen in der Wirtschaftsweise und der sozialen Organisation, die wir aufgrund der Funde nur als Tatsachen feststellen können, ohne daß wir in der Lage wären, sie zu erklären. Ferner fallen weite Bereiche des damaligen Lebens wie der geistigen Kultur, der Gefühlswelt, der moralischen und ethischen Vorstellungen sowie des Kultes und der Religion großenteils unter den Tisch oder sind nur sehr lückenhaft und hypothetisch aus Funden von Götterbildern, Kultgegenständen u. ä. rekonstruierbar. Während wir uns über die materielle ‚Basis' prähistorischer Gesellschaften daher heute über weite Strecken bereits ein recht genaues und gesichertes Bild machen können, bleiben unsere Vorstellungen bezüglich ihres ‚Überbaus' noch vorwiegend spekulativ und unscharf. Das ist, auch vom Standpunkt einer materialistischen Geschichtswissenschaft aus betrachtet, bedauerlich. (8)

Andererseits wurde diese Not zumindest insofern zur Tugend, als sie die Vorgeschichtsforschung vor jenem Kardinalfehler bewahrte, der die Geschichtswissenschaft bis heute vielfach prägt: Nämlich historisches Geschehen einseitig als politische und Geistesgeschichte zu interpretieren, als Geschichte großer Männer und einer Abfolge von Einzelereignissen im politischen Überbau der Gesellschaften, und dabei die ökonomische Basis zu vernachlässigen, die alldem zugrunde liegt und die die Lebensumstände der verschiedenen Bevölkerungsklassen ebenso prägt wie ihre soziale Philosophie und ihre politischen Bestrebungen. V. Gordon Childe beschreibt diese Art von Historie wie folgt:

„In der Tat zeigen sowohl die antike wie die britische Geschichtsschreibung das Bestreben, ausschließlich als politische Geschichte dargestellt zu werden - als eine Aufzeichnung der Taten von Königen, Staatsmännern, Soldaten und Religionsverkündern, von Kriegen und Verfolgungen, vom Gedeihen politischer Einrichtungen und kirchlicher Systeme. Gelegentliche Anspielungen auf wirtschaftliche Zustände, wissenschaftliche Entdeckungen oder künstlerische Bewegungen kamen allerdings für diese oder jene ‚Periode' vor, aber die ‚Perioden' wurden in politischen Begriffen mit den Namen von Herrschern oder Parteien bezeichnet. Diese Art der Geschichtsschreibung konnte kaum zu einer Wissenschaft werden." (9)

Ihr zugrunde liegt eine idealistische Gesellschaftsphilosophie, über die Engels schrieb:

„Vor allen diesen Gebilden [Kunst und Wissenschaft, Staaten und Nationen, Recht und Politik sowie der Religion, Anm. MK], *die zunächst als Produkte des Kopfs sich darstellten und die die menschlichen Gesellschaften zu beherrschen schienen, traten die bescheidneren Erzeugnisse der arbeitenden Hand in den Hintergrund. (...) Dem*

Kopf, der Entwicklung und Tätigkeit des Gehirns, wurde alles Verdienst an der rasch fortschreitenden Zivilisation zugeschrieben; die Menschen gewöhnten sich daran, ihr Tun aus ihrem Denken zu erklären statt aus ihren Bedürfnissen (die dabei allerdings im Kopf sich widerspiegeln, zum Bewußtsein kommen) - und so entstand mit der Zeit jene idealistische Weltanschauung, die namentlich seit Untergang der antiken Welt die Köpfe beherrscht hat." (10)

Die Vorgeschichtsforschung aber kennt das Denken der von ihr untersuchten Menschen nicht, sie kennt nur die materiellen Produkte ihres Tuns; sie ist daher gezwungen, Geschichte allein aus den sonst so gering geschätzten „bescheidenen Erzeugnissen der arbeitenden Hand" zu rekonstruieren. Was für Sackgassen einer einseitig stilgeschichtlichen, sich in der Herausarbeitung von Typenreihen u. ä. erschöpfenden Betrachtungsweisen ihr daher auch drohen mögen - eines kann sie, sozusagen an Mangel an Material, kaum tun: Geschichte so idealistisch und abgehoben von den materiellen Verhältnissen zu schreiben, wie das in den historischen Wissenschaften lange Zeit der Fall war und zum Teil immer noch ist.

Ganz offen sprach daher früher eine Geschichtswissenschaft, die Geschichte einseitig als politische Historie verstand, der sich gerade erst herausbildenden prähistorischen Forschung den Anspruch ab, zu historischen Erkenntnissen gelangen zu können. Man bezweifelte die geschichtliche Aussagekraft ihrer Quellen, die Möglichkeit der Erarbeitung zuverlässiger Interpretationsmethoden, und neigte dazu, die Archäologie und ihre Funde als ein zwar interessantes, aber letztlich unerschließbares Feld der reinen Kunstbetrachtung zu überantworten (zuzurechnen). Als 1826 die ‚Pommersche Gesellschaft für Geschichte und Altertumskunde' daran ging, *„eine antiquarische Karte von Pommern zu entwerfen, welche eine Übersicht der Hünengräber, Burgwälle und anderer Denkmale vorchristlicher Zeit gewähren sollte"*, wurde sie mit dem Einwand aus den eigenen Reihen konfrontiert:

„Bei solchen Forschungen (...) werde nicht viel Gewinn für die Landesgeschichte herauskommen. Die Hauptsache sei, Chroniken und Urkunden durch den Druck allgemein zugänglich zu machen, denn

nur aus diesen seien begründete historische Tatsachen zu entneh-men. " (11)

Dies ist nur ein kleines Beispiel unter vielen. Noch 1881 schrieb der berühmte preußische Historiker Leopold von Ranke in der Vorrede zu seiner großen *Weltgeschichte:*

„Die Völker (...) besaßen Anfänge der Kultur, lange bevor die Schrift erfunden war; und auf diese allein ist doch die Geschichte angewiesen. Nur das kann sie unternehmen, was sie mit ihren Mitteln zu erreichen vermag. Wie könnte sich der Geschichtsschreiber zutrauen, das Geheimnis der Urwelt, also das Verhältnis der Menschen zu Gott und der Natur, zu enthüllen? Man muß diese Probleme der Naturwissenschaft und zugleich der religiösen Auffassung anheim geben. (...)

An die Urwelt grenzen die Monumente einer noch immer unvordenklichen Zeit, gleichsam die Portale der Geschichte. Sie haben immer das Wunder und Rätsel der lebenden Generationen ausgemacht. In dem letzten Jahrhundert hat man sie besser kennengelernt und ist ihrem Verständnis nähergetreten, als jemals früher. In unseren Tagen sind in den Ruinen verschütteter Städte Bauwerke aufgedeckt worden, an deren Wänden die einst mächtigsten Fürsten der Welt ihre Taten haben aufzeichnen lassen. Allenthalben widmet man der Erforschung der Altertümer ein Studium, das durch eine Art von Pietät belebt wird; Kunst und Altertum werden gleichsam identische Begriffe. Man verbindet damit die leider nur sehr fragmentarischen Denkmale der alten Götterdienste, Religionen, Staatsverfassungen, welche auf uns gekommen sind. Jeder neue Fund wird als glückliche Entdeckung begrüßt. Um die verschiedenen Mittelpunkte her haben sich Studienkreise gebildet, deren jeder ein eigenes Fach ausmacht und eine besondere, ihm gewidmete Lebenstätigkeit erfordert. (...)

Für den Unterricht der Laien nicht allein, sondern für die Orientierung der Mitarbeitenden selbst wäre nichts erwünschter, als eine genetische Durcharbeitung dieser Studienkreise und ihrer gegenseitigen Beziehungen. Eine solche Arbeit würde einer Enzyklopädie des historischen Wissens zur Zierde gereichen, aber in die Weltgeschichte könnte sie keine Aufnahme finden. Diese hat sich nur die evidenten Resultate der Forschung zu eigen zu machen. Die Geschichte beginnt erst, wo die Monumente verständlich werden und glaubwürdige schriftliche Aufzeichnungen vorliegen. (...) Die Ursprünge der Kultur gehören einer Epoche an, deren Geheimnis wir nicht zu entziffern vermögen. " (12)

Dabei kamen Ranke und Generationen bürgerlicher Historiker gar nicht auf den Gedanken, dass archäologische Forschung ein zwar auf bestimmte Bereiche beschränktes, aber innerhalb dieser Grenzen zuverlässigeres Quellenmaterial liefern könnte, als es die schriftlichen Aufzeichnungen der geschichtlichen Zeit darstellen, die sie als das A und O jeder historischen Wissenschaft ansahen. Ihr eigener sozialer Standort und der elitäre Geist ihrer Zeit ließen sie übersehen, was in der heutigen Geschichtswissenschaft weithin unumstritten ist, nämlich dass es mit der angeblichen ‚Verläßlichkeit‘ und ‚Glaubwürdigkeit‘ der schriftlichen Überlieferungen nicht immer sehr weit her ist.

Denn obwohl nur in den seltensten Fällen bewußt verfälscht und absichtlich instrumentalisiert, ist geschriebene Geschichte dennoch bis auf den heutigen Tag in aller Regel die Geschichte der jeweils Herrschenden, die ganz automatisch durch deren Sichtweisen, Interessen und Vorurteile verzerrt ist. (13) Die antiken griechischen und römischen Historiker beispielsweise gehörten ganz überwiegend der Aristokratie an, betrachteten die Sklavenhaltung als naturgemäße Selbstverständlichkeit, empfanden demokratische Strömungen im Volk (zumindest in Rom) als Bedrohung und huldigten der Doktrin von der allein zivilisationsschaffen Kraft des menschlichen Geistes gegenüber der ‚minderwertigen‘ körperlichen Arbeit. Was wir in ihren Werken über die schriftlosen Kelten, Germanen und andere archaische Völker lesen, ist geprägt durch den Dünkel der vermeintlich höherwertigen eigenen Zivilisation gegenüber diesen ‚Barbaren‘. Mittelalterliche Quellen wiederum sind oft kirchliche Quellen und daher geprägt von den religiösen Dogmen und weltlichen Interessen der damals größten gesellschaftlichen Macht, und so fort. Alle diese Geschichtsschreiber und Chronisten wären schon deshalb gar nicht in der Lage gewesen, das tägliche Leben, die geschichtliche Rolle und die Kämpfe der ‚niederen Volksschichten‘ in ihren Aufzeichnungen gebührend zu würdigen, weil sie diese gar nicht richtig kannten (eines der kennzeichnendsten Beispiele dafür bietet der Deutsche Bauernkrieg).

Würden wir uns in unserer heutigen Beurteilung der betreffenden Geschichtsepochen allein oder auch nur überwiegend auf das damalige ‚offizielle' Material stützen, so würden wir ein höchst einseitiges und verzerrtes Bild bekommen, wie es in der Tat bis heute vielfach in den Geschichtsbüchern vorherrscht. Bernt Engelmann hat das für das Mittelalter und die Neuzeit sehr schön in seinen Büchern *Wir Untertanen* und *Einig gegen Recht und Freiheit* gezeigt und richtig gestellt. (14) Erfreulicherweise gibt es aber heute auch unter den bürgerlichen Althistorikern - einem traditionell eher konservativ eingestellten Gelehrtenstand - gewichtige Stimmen, die das Bild der Antike, wie es uns in der klassischen Literatur überliefert ist, kritisch hinterfragen und relativieren. So charakterisierte etwa Jules Marouzeau, Professor für Latinistik an der Pariser Sorbonne und der Doyen der französischen Altphilologen, in seinem Buch *Das Latein* die überlieferten römischen Quellen folgendermaßen:

„Lebensbeschreibungen großer Männer, erbauliche Geschichten und Gedanken, contiones *und* narrationes. *In dieser Literatur trägt der Mann die Toga und schreitet ehrwürdigen Schrittes einher; man sieht nichts als kurulische Sessel, Lictoren, Triumphe und Volksversammlungen; das Atrium verbirgt uns die Küche und der Tempel den Laden; Rom erscheint hier nicht als eine Stadt von 300 000 Seelen mit volkreichen Vorstädten, überfüllten Straßen und lärmigen Häusern, sondern schrumpft zu einer Art pompöser Dekoration zusammen, die in groben Umrissen ein Forum, einen Tempel, eine Tribüne wiedergibt. In seiner Literatur plaudert der Römer nicht, er hält eine Ansprache; wenn er spazieren geht, dann unter einer Säulenhalle, wenn er reist, dann wie durch Zauberei, ohne dass wir etwas von seinem Wagen, seinem Schiff, seiner Kleidung oder seinen Reisezwischenfällen hören. Es fehlt alles Natürliche. (...) Was nicht den Schriftsteller, seine Umgebung und seine Welt betrifft, existiert nicht. Die Leute aus dem Volk sind nur ein unbestimmtes Kollektiv (plebs), das man gern mit einem verächtlichen Wort bezeichnet. (...) Die Frau tritt kaum in Erscheinung: Die Literatur kennt ein halbes Dutzend, das glänzende Taten vollbracht hat; im übrigen ist sie nur die anonyme Matrone, Mutter ihrer Kinder, eine streng moralische Person. (...) Auch das Kind hat keine Persönlichkeit: Es ist nur die Hoffnung der ‚gens', der Erbe des häuslichen Kultes und der häuslichen Tradition. Seine Spiele, seine lustigen Einfälle, sein Geplapper, all das existiert nicht. Das Kind ist ein kleiner Römer und damit fertig. (...) Was bietet uns also der Römer an Stelle seines Lebens? Seine Mentalität."* (15)

Präziser gesagt: Die Mentalität seiner Klasse, der römischen Aristokratie. Bertolt Brecht hat 1935 in seinem Gedicht *Fragen eines lesenden Arbeiters* die wohl bekannteste, fast schon klassische Kritik dieser Art von Geschichtsschreibung formuliert:

„Wer baute das siebentorige Theben?
In den Büchern stehen die Namen von Königen.
Haben die Könige die Felsbrocken herbeigeschleppt?
Und das mehrmals zerstörte Babylon
Wer baute es so viele Male auf? In welchen Häusern
Des goldstrahlenden Lima wohnten die Bauleute?
Wohin gingen an dem Abend, wo die Chinesische Mauer fertig war
Die Maurer? Das große Rom
Ist voll von Triumphbögen. Wer errichtete sie? Über wen
Triumphierten die Cäsaren? Hatte das vielbesungene Byzanz
Nur Paläste für seine Bewohner? Selbst in dem sagenhaften Atlantis
Brüllten in der Nacht, wo das Meer es verschlang
Die Ersaufenden nach ihren Sklaven.

Der junge Alexander eroberte Indien.
Er allein? Cäsar schlug die Gallier.
Hatte er nicht wenigstens einen Koch bei sich?
Philipp von Spanien weinte, als seine Flotte
Untergegangen war. Weinte sonst niemand?
Friedrich der Zweite siegte im Siebenjährigen Krieg. Wer
Siegte außer ihm?

Jede Seite ein Sieg.
Wer kochte den Siegesschmaus?
Alle zehn Jahre ein großer Mann.
Wer bezahlte die Spesen?

So viele Berichte.
So viele Fragen.“ (16)

Auf das Bild der prähistorischen Gesellschaften, das die Vorgeschichtsforschung seit nunmehr über hundert Jahren systematisch rekonstruiert, trifft diese Kritik nur in weit geringerem Maße zu. Sicher, bis zum Ende des 19.Jahrhunderts, als die Archäologie noch vorwiegend von antikenbegeisterten Abenteurern und Laien als Schatzsucherei oder durch vermögende Kunstsammler und Museen zur Komplettierung ihrer Sammlungen betrieben wurde, ging es vor allem in den Mittelmeerländern, in Ägypten und im Vorderen Orient allzu oft hauptsächlich um die Ausgrabung von Palästen und reich ausgestatteten Gräbern, von Kunstwerken und Goldschätzen, Glanz und Prunk. Die normalen vorgeschichtlichen Wohn- und Begräbnisstätten überging man damals häufig noch achtlos, und Alltagsgegenständen, einfacher Gebrauchskeramik und Gerätschaften aller Art wurde kaum Aufmerksamkeit geschenkt - sie landeten nur allzu oft unbeachtet im Grabungsabraum. Der Zweck von Ausgrabungen war in dieser Anfangsphase der Archäologie noch nicht die Gewinnung von *Befunden*, das heißt von möglichst vollständigen archäologischen Relikten und Fundensembles, um daraus Erkenntnisse historischer und soziologischer Art zu gewinnen; man war vielmehr erpicht auf die Bergung möglichst kostbarer und spektakulärer Einzelobjekte und nahm zu ihrer Gewinnung nicht selten die unwiederbringliche Zerstörung ganzer Fundhorizonte in Kauf, um möglichst schnell und kostensparend an die entsprechenden Stücke heranzukommen. Hier setzte sich die ‚elitäre‘, allein auf die herrschende Klasse und ihre Prestigeobjekte, auf Exzeptionelles und Außergewöhnliches orientierte, den Lebensalltag der normalen Bevölkerung hingegen gering schätzende Auffassung von Geschichte auch im Bereich der Prähistorie fort. (17)

Seit die Archäologie jedoch zu einer Wissenschaft geworden ist, das heißt spätestens seit Beginn des 20.Jahrhunderts, birgt und untersucht sie die Überreste vor- und frühgeschichtlicher Bauerndörfer und Gewerbesiedlungen mit der gleichen Akribie wie Fürstensitze und Herrscherresidenzen, gräbt sie die Friedhöfe der Armen ebenso gewissenhaft aus wie die Prunkgräber und Totenkammern der Mächtigen und Reichen, dokumentiert sie jedes Gebrauchsgerät und Tongefäß mit der gleichen Sorgfalt wie wertvolle Kunstobjekte und kostbaren Schmuck. Das historische Quellenmaterial, das sich aus solchen systematischen Ausgrabungen gewinnen läßt, ist zwar sicherlich bescheidener, aber oftmals auch zuverlässiger und ausgewogener als das selektive Bild, das uns die Schriftzeugnisse für die jüngeren historischen Epochen übermitteln.

Denn was die Archäologen zutage fördern, sind geschichtliche Dokumente, die nicht durch den Filter oder die ‚Zensur‘ einer zeitgenössischen Geschichtsschreibung gegangen sind. Es sind authentische Zeugnisse der Gesellschaften, wie sie waren, und nicht wie sie eine herrschende Klasse und ihre literarischen Protagonisten sahen oder dargestellt haben wollten - von einigen Ausnahmen abgesehen. (18)

Man kann auf der Grundlage dieses Materials regelrechte Sozialstudien betreiben. Aus der Anzahl und Beigabenausstattung der Gräber auf vorgeschichtlichen Friedhöfen läßt sich beispielsweise das Reichtumsgefälle und das Ausmaß an gesellschaftlichen Privilegien sowie der ungefähre prozentuale Anteil der verschiedenen sozialen Schichten an der Gesamtbevölkerung abschätzen. Auch die Überreste von Siedlungen spiegeln in der Anzahl, Größe, Funktion und Ausstattung ihrer Gebäude sowie im Siedlungsgrundriß die Sozialstruktur der jeweiligen Gemeinschaft wieder und lassen damit häufig Rückschlüsse auf den Grad der Arbeitsteilung, der Klassenspaltung und die Machtstrukturen zu. Ein charakteristisches Beispiel hierfür sind die sogenannten *Tells* im Vorderen Orient, Ruinenhügel von zum Teil beträchtlichen Ausmaßen, die aus den übereinander liegenden Trümmerschichten zahlreicher zeitlich aufeinander folgender Siedlungen bestehen. Die Abfolge dieser einzelnen Siedlungshorizonte mit ihren Gebäuderesten und ihrem übrigen Fundmaterial birgt oftmals eine regelrechte Sozialgeschichte der betreffenden Orte über Tausende von Jahren hinweg. Die Archäologen können aus ihr die Entwicklung von kleinen, noch sehr gemeinschaftlich organisierten und wenig arbeitsteiligen Bauerndörfern ohne große soziale Unterschiede hin zu mächtigen Handwerks- und Handelszentren mit einer ausgeprägten Arbeitsteilung und Spezialisierung, einem starken Gefälle zwischen Arm und Reich und einer Vielzahl von Heiligtümern und Tempeln, die auf die Existenz mächtiger Priesterschaften hindeuten, rekonstruieren. (19)

„In welchen Häusern wohnten die Bauleute?" ließ Bertold Brecht 1935 seinen lesenden Arbeiter fragen. In den überlieferten Schriftquellen steht es zumeist nicht, die Archäologie aber enthüllt - oder besser: ergräbt - es. Der britische Prähistoriker Leonard Woolley berichtete 1930 über seine

Ausgrabungen in der nur kurzzeitig besiedelten Hauptstadt des altägyptischen ‚Ketzerpharaos' Echnaton (1353-1336 v. Chr.) :

„In El Amarna gruben wir eine Mustersiedlung aus, errichtet zur Beherbergung der Arbeiter, die in den Wüstenhügeln die Felsengräber für die Aristokratie der Stadt bauten. Die ganze Siedlung war nach einem festen Plan angelegt; (...) Ein quadratisches, mit Mauern umgebenes Geländestück war ganz und gar mit Reihen von kleinen Häusern in geschlossener Bauweise bebaut, zwischen denen enge Straßen verliefen. Mit Ausnahme des Vorarbeiterviertels in der Nähe des Tors gleicht ein Haus auf das eintönigste dem anderen: Jedes hatte vorn die Wohnküche, hinten Schlafraum und Kammer, ein wahres Schulbeispiel für mechanisch entworfene Arbeiterwohnungen. Schon dieser Umstand warf ein interessantes Licht auf die sozialen Verhältnisse, die im 14. Jahrhundert v. Chr. in Ägypten herrschten, und ergänzte vortrefflich dasjenige, was uns die Stadt selbst über die Paläste der Regierungsbeamten und die Häuser des Mittelstandes gelehrt hatte. Es waren jedoch die Einzelheiten, die das Ganze so lebendig machten. (...) Im Innnern der Häuser wiesen rohe Malereien an den Lehmwänden auf die Versuche einzelner Arbeiter hin, ihr Heim zu verschönern oder ihrer Frömmigkeit Ausdruck zu geben. Die Amulette und Zauberschutzmittel, die wir auf den Fußböden fanden, zeigten, welche von all den vielen Göttern Ägyptens bei der Arbeiterschaft in höchstem Ansehen standen. Umherliegendes Werkzeug und Gerät bezeugten, welcher Arbeit der einzelne oblag, oder womit er sich in seinen Mußestunden beschäftigte." (20)

Tausende von Abrechnungen, Quittungen, Briefen und Berichten, die auf Kalksteinbrocken und Tonscherben gekritzelt worden waren und bei Ausgrabungen in einer anderen Arbeitersiedlung nahe des ‚Tals der Könige' bei Theben in Oberägypten ans Tageslicht kamen, vervollständigen unser Bild vom Alltagsleben, dem Verdienst und Lebensstandard und den Arbeitsbedingungen der altägyptischen Arbeiter. (21) Und wenn Archäologen auf einem für den Pyramidenbau bestimmten Felsblock neben Hinweisen wie *„diese Seite nach oben"* u. dgl. auch die Schmähung *„wie ist der Pharao betrunken"* aufgemalt fanden, (22) so ist das ein kleiner Beleg für eine offenbar keineswegs immer gläubig-respektvolle Haltung der Arbeiter und Fellachen gegenüber dem allmächtigen, göttlichen Pharao, dem sie hier zu tausenden eine Pyramide errichten mußten.

Auch in Rom kennt man heute nicht mehr nur die Triumphbögen, sondern auch die Werkstätten, in denen sie entstanden, nicht mehr nur das Forum und die Villen der Aristokraten, sondern auch die antiken Wohnsilos und ‚Slums'. Die Archäologie ist, was die Erschließung materieller und sozialer Verhältnisse betrifft, so zuverlässig und ergiebig, dass die Geschichtswissenschaft - die seit geraumer Zeit die Bedeutung der Kultur- und Sozialgeschichte gleichfalls erkannt hat - auch für jene Epochen, in denen die schriftlichen Quellen reichlich fließen, diesen Schriftzeugnissen archäologisch gewonnene Erkenntnisse zur Seite zu stellen sucht. Besonders die Mittelalterarchäologie gewinnt in dieser Hinsicht zunehmende Bedeutung. Sie sammelt durch Ausgrabungen in Burgen, Klöstern und mittelalterlichen Stadtkernen Fakten über das Alltagsleben jener Zeit, die Baugeschichte der Städte, Burgen usw., die die schriftlichen Überlieferungen ergänzen, untermauern oder auch korrigieren.

Das Fazit läßt sich mit zwei Feststellungen Woolleys und Childes ziehen. Zunächst Woolley:

„Die Wissenschaft der Archäologie (...) hat während der kurzen 70 Jahre ihres Bestehens [geschrieben 1930, Anm. MK] Wunder gewirkt. Dank der Ausgrabungen sind uns jetzt Tausende von Jahren menschlicher Vergangenheit wohlvertraut, die vor 100 Jahren noch ein völlig unbeschriebenes Blatt waren; das ist jedoch noch nicht alles, ja vielleicht nicht einmal das Wichtigste. Die alten Geschichtswerke, die meist auf schriftlichen Dokumenten beruhten, beschränkten sich in der Hauptsache auf diejenigen Ereignisse, die in jedem Zeitalter die Verfasser am meisten der Berichterstattung wert hielten - Kriege, politische Ereignisse, Königschroniken -, mit einigen Erläuterungen, die man aus der betreffenden zeitgenössischen Literatur gewinnen konnte. Der Ausgräber mag noch weitere schriftliche Berichte auffinden, aber er deckt auch eine Menge von Gegenständen auf, die Kunst und Handwerk der Vergangenheit anschaulich machen, ferner die Tempel, in denen die Menschen beteten, die Häuser, in denen sie wohnten, den Rahmen, innerhalb dessen sich ihr tägliches Leben abspielte; er liefert das Material für eine soziale Geschichtsbeschreibung, die man früher nie hätte in Angriff nehmen können." (23)

Und Childe:

„Von der Natur der Sache her ist der dialektische Materialismus mit seiner Betonung der Gesellschaft gegenüber dem Individuum, das die Archäologie mit ihren Mitteln kaum je zu erreichen vermag, und mit seiner Betonung der materiellen Basis, welche eine so große Rolle im archäologischen Fundmaterial spielt, ein besonders geeignetes Instrument, um vorgeschichtliche Denkmäler und Fundzusammenhänge in historische Tatsachen umzuwandeln." (24)

Friedrich Engels' Schrift
Anteil der Arbeit an der Menschwerdung des Affen – 130 Jahre danach

(Vortrag am 1. Oktober 2006 bei der 3. Offenen Universität im Arbeiterbildungszentrum Gelsenkirchen – vgl. die Editorische Notiz im Anhang)

In diesem Jahr feiert die wissenschaftsinteressierte Öffentlichkeit den 150. Jahrestag der Entdeckung des Neandertalers in dem gleichnamigen Tal bei Mettmann, nicht weit von hier. Der Fund dieses berühmtesten aller Urmenschen im August 1856 und die auf ihn folgenden Debatten und Untersuchungen begründeten im 19. Jahrhundert die neue Wissenschaft der Paläanthropologie (von griechisch *palaios* = alt und *anthropos* = Mensch) - die Wissenschaft von den frühen, uns vorausgegangenen Menschenformen.

Das Neandertalerjubiläum wird derzeit mit mehreren großen und sehenswerten Ausstellungen in Bonn, Mettmann und Herne gefeiert, und auch auf dem Buch- und Zeitschriftenmarkt sind aus diesem Anlaß Dutzende von Publikationen erschienen. Sehr viel weniger bekannt ist dagegen ein vor allem im Hinblick auf den Marxismus bedeutsames anderes Jubiläum, das den gleichen Themenbereich betrifft. Vor fast genau 130 Jahren, im Juni 1876, verfaßte nämlich der Mitbegründer des Marxismus, Friedrich Engels, im Rahmen der Arbeiten zu seinem großen Werk *Dialektik der Natur* einen in Marx-Engels-Werken (*MEW*) nur zwölf Druckseiten langen Text, der nach Engels' Tod 1896 in der sozialdemokratischen Zeitschrift *Die Neue Zeit* postum als Artikel mit dem Titel *Anteil der Arbeit an der Menschwerdung des Affen* veröffentlicht wurde. (3) Zusammen mit Engels' sehr viel umfangreicherem Werk *Der Ursprung der Familie, des Privateigentums und des Staates*

24

aus dem Jahr 1884 (4) ist er die umfassendste und systematischste Arbeit, die uns von seiten der Begründer des Marxismus über die Urgeschichte der Menschheit vorliegt. Während sich der *Ursprung der Familie* jedoch überwiegend mit den vor- und frühgeschichtlichen Gesellschaften seit dem Beginn des Ackerbaus vor rund 10 000 Jahren - der sogenannten *Barbarei* in Engels' Entwicklungsschema - befaßt, geht es im *Anteil der Arbeit* vor allem um die weit älteren Entwicklungsprozesse, die während des vorangegangenen Eiszeitalters den Menschen überhaupt erst als Kultur- und Gesellschaftswesen hervorbrachten - um genau jene Vorgänge und Entwicklungen also, die auch im Mittelpunkt des diesjährigen Neandertalerjubiläums stehen. Ich möchte daher Engels' Schrift im folgenden mit unserem heutigen Wissen über die Entstehungsgeschichte des Menschen vergleichen und auf die Frage hin überprüfen, inwieweit sie angesichts des gewaltigen Wissensfortschritts der seither vergangenen 130 Jahre heute noch von Wert für uns sein kann.

Interessant und bedeutsam ist allein schon die Tatsache, dass sich Engels - und wie er auch Marx im *Kapital* und anderen Werken - überhaupt so ausführlich und detailliert mit der Urgeschichte der Menschheit beschäftigten. Immer wieder streuten sie in ihre Schriften Bemerkungen zu diesem Thema ein, sei es über die ältesten Steinwerkzeuge, sei es über die frühe Nutzung des Feuers. Das „Uraltertum„ der Menschheit werde, so schrieb Engels beispielsweise in seinem ‚Anti-Dühring‘, „*unter allen Umständen ein Geschichtsabschnitt von höchstem Interesse für alle künftigen Generationen bleiben*", weil es „*die Herausbildung des Menschen aus dem Tierreich zum Ausgangspunkt*" hatte und „*die Grundlage aller spätern höhern Entwicklung*" bildete. (5) Marx und Engels studierten diesen ältesten Abschnitt der Menschheitsgeschichte daher überaus intensiv und ohne jede dogmatische Verengung, sie kannten und verarbeiteten in ihren Werken das gesamte Spektrum der für dieses Thema damals relevanten wissenschaftlichen Literatur. In erster Linie waren das völkerkundliche Übersichtswerke britischer Anthropologen wie Edward Tylor, Sir John Lubbock oder Sir Henry Sumner Maine, vor allem aber das 1877 erschienene Werk *Ancient Society* des amerikanischen Völkerkundlers Lewis Henry Morgan. Diese Arbeit diente Engels - unter Verwendung nachgelassener Notizen des 1883 verstorbenen Marx - als Grundlage für seinen 1884 veröffentlichten *Ursprung der Familie.* (6)

Über die Entstehungsgeschichte des Menschen im speziellen informierten sich die beiden vorwiegend aus den Werken von Naturwissenschaftlern wie des britischen Geologen Sir Charles Lyell oder des Zoologen Thomas Henry Huxley. Vor allem aber bezogen sie sich immer wieder auf Charles Darwins 1859 und 1871 erschienene epochemachende Werke *Die Entstehung der Arten durch natürliche Zuchtwahl* und *Die Entstehung des Menschen,* in denen der britische Gutsbesitzer und Biologe seine bereits Jahrzehnte zuvor entwickelte Evolutionstheorie systematisch darlegte und begründete. (7) Diese Theorie setzte an die Stelle des christlichen Schöpfungsglaubens bekanntlich das Prinzip der eigengesetzlichen Entwicklung der Natur und wurde von den fortschrittlichen und antiklerikalen Kreisen Deutschlands und Englands daher von Anfang an hymnisch gefeiert, was dem selbst eher konservativen und in tief gläubigem Milieu lebenden Darwin zunächst gar nicht so recht war. Auch Engels las Darwins Bücher sofort nach ihrem Erscheinen und beurteilte sie als *„ganz famos“*. Marx bezeichnete Darwins Hauptwerk in einem Brief an Engels wörtlich als *„das Buch, das die naturhistorische Grundlage für unsere Ansicht enthält“*, und brachte seine Wertschätzung unter anderem dadurch zum Ausdruck, daß er dem zurückgezogen lebenden Darwin 1873 ein Exemplar des *Kapital* mit persönlicher Widmung zusandte. (8)

Wichtig für unser Thema ist, daß 1876, als Engels den *Anteil der Arbeit* schrieb, mit Ausnahme des namengebenden Neandertalers noch kein anderer Urmensch in Form von Fossilien, das heißt von versteinerten Knochen, entdeckt worden war. Erstaunlicherweise findet der rheinische Neandertaler aber weder in der *Menschwerdung des Affen* noch in anderen Schriften oder Briefen von Marx und Engels Erwähnung, obwohl die britischen Evolutionisten ihn schon seit 1860 immer wieder als das ‚affenähnlichste‘ menschliche Fossil bezeichneten und als Kronzeugen für die Evolutionstheorie ins Feld führten. Mög-

licherweise waren Marx und Engels im Bezug auf diesen Fund
durch das ablehnende Urteil des damals in Urgeschichtsfragen
hochrenommierten Berliner Arztes und Anthropologen Rudolf
Vichow beeinflußt, der den Altmenschen aus dem Neandertal
1872 in einem klassischen Fehlurteil als einen durch Knochen-
krankheiten verkrüppelten und mißgebildeten Neuzeitmen-
schen mißdeutete. (9)

Wie dem auch sei, Engels' *Anteil der Arbeit* basierte
von der Materialgrundlage her jedenfalls im wesentlichen auf
Darwins biologischer Evolutionstheorie einerseits, auf völker-
kundlichen Studien andererseits und - als dritter Erkenntnisquelle - auf Funden urgeschichtlicher Steinwerkzeuge, die damals bereits in einiger Zahl vorlagen. Zu welchen Schlußfolgerungen gelangte der Mitbegründer des Marxismus vor 130
Jahren auf dieser Grundlage und wie sind seine damaligen Argumente und Schlüsse heute im Licht des seither gigantisch
angewachsenen paläanthropologischen Wissens zu beurteilen?

„Vor mehreren hunderttausend Jahren", so begann Engels
seinen Aufsatz,

*„während eines noch nicht fest bestimmbaren Abschnitts jener Erd-
periode, die die Geologen die tertiäre nennen, (...) lebte irgendwo in
der heißen Erdzone - wahrscheinlich auf einem großen, jetzt auf dem
Grund des Indischen Ozeans versunkenen Festlande - ein Geschlecht
menschenähnlicher Affen von besonders hoher Entwicklung. Darwin
hat uns eine annähernde Beschreibung dieser unsrer Vorfahren gegeben. Sie waren über und über behaart, hatten Bärte und spitze
Ohren, und lebten in Rudeln auf Bäumen.*

*Wohl zunächst durch ihre Lebensweise veranlaßt, die beim
Klettern den Händen andre Geschäfte zuweist als den Füßen, fingen
diese Affen an, auf ebner Erde sich der Beihülfe der Hände beim
Gehen zu entwöhnen und einen mehr und mehr aufrechten Gang
anzunehmen. Damit war der entscheidende Schritt getan für den
Übergang vom Affen zum Menschen."* (10)

Aus den *„mehreren hunderttausend Jahren"* sind mittlerweile
5 bis 6 Millionen Jahre geworden, und von der im Indischen
Ozean versunkenen Menschheitswiege - einer Idee des deutschen Zoologen Ernst Haeckel, der diesen vermeintlichen Kon-

tinent *Lemuria* im heutigen Indonesien verortete - hat sich die Forschung gleichfalls schon seit mehr als hundert Jahren verabschiedet. Die Entwicklung der *Hominiden* oder *Homininen* - unserer ältesten ‚menschenartigen' Vorfahren - aus urzeitlichen Menschenaffen vollzog sich vielmehr in Afrika, wie man heute mit einiger Sicherheit weiß und wie auch schon Darwin vor 135 Jahren vermutete. Nur dort existierte eine mittlerweile ziemlich umfangreiche Vorfahrenreihe, die von noch sehr schimpansenartigen Vormenschen - den sogenannten Australopithecinen oder ‚Südaffen' - vor 4 bis 2 Millionen Jahren über bereits wesentlich humanere Frühmenschen wie den *Homo habilis* und den *Homo erectus* vor 2 Millionen bis 500 000 Jahren bis zu den ersten *Sapiens*-Menschen vor etwa 200 000 Jahren führte. Auf den anderen Kontinenten reichen die ältesten Hominidenfunde hingegen ‚nur' bis zum *Homo erectus* vor etwa 2 Millionen Jahren zurück.

Mehr als diese reinen Daten und Fakten, die im 19. Jahrhundert natürlich noch völlig unbekannt waren, sollen uns aber die Entwicklungsprozesse und evolutionären Zusammenhänge interessieren, wie Engels sie vor 130 Jahren beschrieb - und hier hatte der Mitbegründer des Marxismus völlig recht, als er den aufrechten Gang als den *„entscheidenden Schritt für den Übergang vom Affen zum Menschen"* bezeichnete.

Wie die heutigen Menschenaffen verbrachten auch ihre Vorläufer vor 5 bis 6 Millionen Jahren einen großen Teil ihrer Zeit auf den Bäumen der damals noch sehr viel ausgedehnteren afrikanischen Regenwälder, wo sie eßbare Früchte und Blätter fanden und vor den am Boden lebenden großen Raubtieren geschützt waren. Zur Fortbewegung hangelten und schwangen sie sich wie heutige Schimpansen von Ast zu Ast oder stützten sich am Boden in halb aufgerichteter Haltung auf ihre Handknöchel, wie sich aus bestimmten anatomischen Merkmalen ihres Skeletts erschließen läßt. Der Übergang zum aufrechten Gang auf zwei Beinen erfolgte schrittweise und war ein gewaltiger, mit Funktionsveränderungen fast des gesamten Skeletts verbundener Entwicklungsprozeß, der daher in der Paläanthropologie auch heute noch als das früheste und grundlegendste Merkmal der zum Menschen führenden Hominidenlinie gilt.

Bei den Australopithecinen vor 3 bis 4 Millionen Jahren war diese sogenannte *Bipedie,* die die Hände und Arme von ihrer ursprünglichen Fortbewegungsfunktion befreite, bereits ein gutes Stück weit ausgeprägt. Das läßt sich nicht nur aus der Positionierung ihres Schädels auf der Wirbelsäule und der Gestaltung ihrer Beckenknochen ersehen, sondern auch aus versteinerten Fußspuren mehrerer aufrecht gehender Vormenschen, die in einer 3,6 Millionen Jahre alten Schicht aus gehärteter Vulkanasche in Laetoli (Tansania) entdeckt wurden.

Engels brachte diesen Übergang zum aufrechten Gang mit dem Umstand in Verbindung, *„daß den Händen inzwischen mehr und mehr anderweitige Tätigkeiten zufielen"*, (11) während heutige Paläanthropologen betonen, dass *„die ursprünglichen Gründe und Ursachen"* für die Bipedie *„nicht mit ihren späteren Vorteilen und Wirkungen verwechselt werden"* dürften. (12) Sie erklären die Herausbildung der zweibeinigen Fortbewegungsweise in erster Linie aus Klima- und Umweltveränderungen, die sich vor 6 bis 4 Millionen Jahren in Afrika vollzogen und die dazu führten, dass der ursprünglich dichte und zusammenhängende Regenwald, der noch heute den typischen Lebensraum der Schimpansen und Gorillas bildet, in vielen Regionen des Kontinents einer offeneren Park- oder Savannenlandschaft wich. In ihr waren mit den Bäumen auch die Nahrungsquellen weiter voneinander entfernt, so dass die Menschenaffen, aus denen sich die Hominiden entwickelten, längere Wege am Boden zurücklegen und dort häufig auch Wasserläufe durchqueren mußten. Dabei waren die Aufrichtung des Körpers und der zweibeinige Gang vom Energieverbrauch wie vom Knochenverschleiß her deutlich von Vorteil. (13)

Die bedeutsamste Folge dieser aufrechten Fortbewegungsweise für die weitere Entwicklung zum Menschen war nach Engels, daß dadurch *„die Hand frei wurde"* und *„sich nun immer neue Geschicklichkeiten erwerben"* konnte. Nachdem sie immer weniger zum Klettern, Hangeln und Abstützen bei der Fortbewegung benötigt wurde, fielen ihr *„mehr und mehr anderweitige Tätigkeiten"* im Rahmen der Sicherung des Lebensunterhalts zu, und so entstand durch die *„Arbeit von Jahrhunderttausenden"* allmählich die anatomisch besonders geformte und *„hoch ausgebildete Menschenhand". - „Die Hand des niedrigsten Wilden kann"* - so Engels, der in dieser Formulierung nicht ganz frei von den Vorurteilen seiner Zeit war - *„hunderte von Verrichtungen ausführen, die keine Affenhand ihr nachmacht. Keine Affenhand hat je das rohste Steinmesser verfertigt".* - *„So ist die Hand nicht nur das Organ der Arbeit, sie ist auch ihr Produkt",* folgerte der Mitbegründer des Marxismus weiter:

„Nur durch Arbeit, durch Anpassung an immer neue Verrichtungen und durch Vererbung der dadurch erworbenen besondern Ausbildung (...) hat die Menschenhand jenen hohen Grad von Vollkommenheit erhalten, auf dem sie Raffaelsche Gemälde, Thorvaldsensche Statuen und Paganinische Musik hervorzaubern konnte". (14)

Die paläanthropologische Forschung der letzten 130 Jahre hat diesen äußerst klarsichtigen und scharfsinnigen Ausführungen nur wenig Neues hinzugefügt. Auch die heutigen Fachleute betonen, dass die Anatomie der menschlichen Hand das Ergebnis einer Jahrmillionen dauernden Spezialisierung auf unterschiedlichste manuelle Tätigkeiten war, die insbesondere zur vollständigen Opponierbarkeit des Daumens gegenüber den anderen Fingern führte. Sie ermöglichte erst den für zahllose menschliche Verrichtungen unverzichtbaren ‚Fein‘- oder ‚Spitzgriff‘, zu dem die Menschenaffen nicht in gleicher Weise fähig sind. Ohne ihn wären *„fast alle scheinbar selbstverständlichen Tätigkeiten unseres Lebensalltags ausgesprochen mühselig oder gänzlich unmöglich",* wie der Anthropologe Peter Reill feststellt - *„versuchen Sie einmal, mit angelegtem Daumen einen Knopf an eine Jacke zu nähen".*

Ganz besonders war dieses hochausgebildete Greifvermögen der menschlichen Hand aber für die Herstellung und den Gebrauch von Werkzeugen und für andere spezifisch menschliche Arbeitstätigkeiten unverzichtbar, denn *„im Prinzip ist ein gezielter Schlag mit dem Hammer ebenso kompliziert wie einzelne (...) Passagen beim Spielen eines Musikinstruments",* so Reill weiter. (15) Die Hand eines Affen hingegen kann, obwohl sie vorzüglich zum Klettern und Hangeln geeignet ist, nicht ähnlich geschickt mit einem Hammer oder einem

Schraubenzieher umgehen, weil sie dazu nicht die entsprechende anatomische Ausbildung besitzt und noch keine für solche Greif- und Bewegungsformen erforderliche Steuerung durch das Gehirn existiert. Möglich wurde diese extreme Spezialisierung der menschlichen Hand auf Tätigkeiten und Anforderungen, die im Tierreich keine große Rolle spielen, aber eben erst durch den Umstand, daß unsere ältesten Vorfahren am Beginn der Hominidenlinie zweibeinig durch die Welt zu gehen begannen und ihre Hände damit allmählich von der früheren Fortbewegungsfunktion befreiten.

Ein Resultat dieser evolutionären Veränderung waren die Herstellung und der Gebrauch von Steinwerkzeugen, die indes eine *Folge*, nicht die Ursache des Übergangs zur Bipedie waren. Schon Engels hat der allzu simplen Annahme, unsere Urahnen hätten einst aufrecht zu gehen begonnen, *um* ihre Hände für die Werkzeugherstellung freizubekommen, mit dem Hinweis widersprochen:

„Die Verrichtungen, denen unsre Vorfahren im Übergang vom Affen zum Menschen im Laufe vieler Jahrtausende allmählich ihre Hand anzupassen lernten, können anfangs nur sehr einfache gewesen sein. (...) Bis der erste Kiesel durch Menschenhand zum Messer verarbeitet wurde, darüber mögen Zeiträume verflossen sein, gegen die die uns bekannte geschichtliche Zeit unbedeutend erscheint“. (16)

Diese damals noch weitgehend spekulative Vermutung hat sich mittlerweile eindeutig bestätigt, denn in der Tat lagen, wie man heute weiß, mehr als eine Million Jahre zwischen diesen beiden entscheidenden Schritten der Menschwerdung. Während der Übergang zum aufrechten Gang wie erwähnt schon vor etwa 5 Millionen Jahren begann, stammen die ältesten heute bekannten Steinwerkzeuge aus 3,3 Millionen Jahre alten Fundschichten in Ostafrika und sind damit ein bis zwei Millionen Jahre jünger.

Es handelte sich bei ihnen um noch sehr einfache steinerne Schneide- und Hackgeräte, die die frühesten Menschen vom Typ Homo habilis und möglicherweise auch entwickelte Australopithecinen herstellten, indem sie von einem Steinbrocken mit Hilfe eines anderen Steins eine Anzahl von Splittern und Bruchstücken abtrennten. Diese sogenannten Abschläge ließen sich dank ihrer messerscharfen Kanten vorzüglich zum Schneiden von Fleisch, Holz oder Häuten verwenden, während die als Rest verbleibenden klobigen ‚Kernsteine' sich für hämmernde, hackende oder stampfende Tätigkeiten etwa beim Zertrümmern von Tierknochen oder -knorpeln eigneten.

Neben diesen ersten, noch sehr einfachen Steinwerkzeugen werden die Vor- und Frühmenschen aber mit Sicherheit auch zugespitzte Tierknochen oder geringfügig bearbeitete Holzstöcke benutzt haben, um etwa eßbare Pflanzenwurzeln aus der Erde zu graben oder nahrhafte Termiten aus ihren Bauten zu fischen. Solche nicht aus Stein gefertigten Arbeitsgeräte sind aber entweder - wie im Falle des Holzes - längst im Boden vergangen oder aber sie lassen sich, wie beispielsweise nur wenig bearbeitete Knochen, kaum in ihrer einstigen Werkzeugfunktion erkennen, was ein wesentlicher und leider unabänderlicher Schwachpunkt des archäologischen Quellenmaterials ist. Aufgrund dieses materialbedingten ‚blinden Flecks' bekommen wir stets nur ein sehr einseitiges und verengtes Bild von den Arbeitsmitteln und der materiellen Ausstattung unserer frühesten Vorfahren, weshalb der Gerätegebrauch möglicherweise auch schon etwas früher begonnen haben könnte, als er sich archäologisch nachweisen läßt. Es ist ja keineswegs ausgeschlossen, dass auch schon die frühen Australopithecinen vor 3,5 oder 4 Millionen Jahren über solche einfachen Hilfsmittel aus Holz oder Knochen verfügten, ohne dass diese für uns heute noch aufzufinden oder identifizierbar wären.

Auch für Nichtfachleute unschwer als künstlich hergestellte Werkzeuge zu erkennen sind dann die steinernen Faustkeile, die der *Homo erectus* vor ungefähr 1,5 Millionen Jahren anzufertigen begann. Diese sehr viel anspruchsvolleren und leistungsfähigeren Steingeräte wurden hergestellt, indem man von einem großen Kernstein auf der Vorder- und Rückseite eine Vielzahl kleiner, muscheliger Abschläge entfernte, bis die charakteristisch langgestreckte, tropfen- oder mandelförmige Endform erreicht war. Wie moderne Experimente gezeigt haben, waren die Faustkeile vermutlich eine Art Allzweckgeräte, deren langbahnige, scharfe Schneiden sich vorzüglich zur Bearbeitung von Holz oder zum Durchtrennen von Fleisch und Häuten eigneten, während der stumpfe und abgerundete ‚Griff‘ gut zum Aufbrechen etwa von Tierknochen oder -gelenken verwendbar war. Die zuvor auf ‚Abschläge‘ und ‚Kernsteine‘ verteilten unterschiedlichen Gebrauchsfunktionen waren hier also in einem einzigen Werkzeugtyp vereint.

Auffallend häufig wurden solche Faustkeile aber auch weit über das zu ihrer praktischen Verwendung erforderliche Maß hinaus formschön und symmetrisch, ja nicht selten geradezu elegant ausgearbeitet und bezeugen damit, daß der *Homo erectus* und die Neandertaler, die diese Werkzeugform noch bis vor etwa 100 000 Jahren benutzten, bereits über einen ausgeprägten Sinn für Ästhetik und Schönheit verfügten. In einem noch höheren Maß gilt dies für die wunderschön ausgeformten steinernen Keilmesser und ‚Blattspitzen‘, die die klassischen Neandertaler der Zeit vor 80 000 bis 40 000 Jahren in Europa anfertigten. Solche fast schon künstlerisch ausgestalteten Steingeräte beweisen eindrucksvoll, daß ihre urgeschichtlichen Hersteller - ähnlich wie die Kunsthandwerker in historischer Zeit - bereits großen Wert auf ein möglichst gelungenes und in jeder Hinsicht vollkommenes Endprodukt legten. Die Funktionsfähigkeit durfte unter einer solchen hochwertigen Ausführung natürlich nicht leiden, wenngleich es durchaus auch vereinzelte reine ‚Schau‘- und Übungsstücke gegeben haben mag.

Für welche Zwecke aber benötigten die Menschen der Altsteinzeit diese Geräte und Arbeitsmittel aus Stein, Holz und Knochen? *„Die Arbeit fängt an mit der Verfertigung von Werkzeugen“*, schrieb Friedrich Engels 1876 dazu, und die ältesten von ihnen waren *„Werkzeuge der Jagd und des Fischfangs, erstere zugleich Waffen“*. *„Jagd und Fischfang aber setzen“*, so der Mitbegründer des Marxismus weiter, *„den Übergang von der bloßen Pflanzennahrung zum Mitgenuß des Fleisches voraus, und hier haben wir wieder einen wesentlichen Schritt zur Menschwerdung“*. (17)

Lassen wir den Fischfang einmal beiseite, der ‚erst‘ seit etwa 100 000 Jahren archäologisch eindeutig belegt ist, und verwenden wir statt des Wortes *Jagd* den allgemeineren Begriff der Fleischnutzung, so hat Engels auch hier wiederum einen zentral wichtigen Entwicklungszusammenhang bereits vor 130 Jahren mit großem Weitblick erkannt. Tatsächlich finden sich nämlich schon die ältesten Steinwerkzeuge Ostafrikas häufig im Zusammenhang mit Tierknochen, von denen unsere Urahnen vor 2,5 oder 3 Millionen Jahren das Fleisch herunterschnitten, wie unter dem Mikroskop deutlich erkennbare Schneidspuren beweisen. Diese Verbindung von frühen Steingeräten und Knochen offenkundig vom Menschen verzehrter Tiere zieht sich von da an wie ein roter Faden durch unsere gesamte Entwicklungsgeschichte. Ob diese Tiere vom *Homo habilis* und *Homo erectus* allerdings auch bereits von Anfang an selbst erlegt - also gejagt - wurden, oder ob die Frühmenschen sie zu Beginn vorwiegend als Kadaver - also als Aas - in den ja äußerst tierreichen Landschaften Afrikas auffanden und verwerteten, das wissen wir bis in die Zeit vor etwa einer halben Million Jahren nicht so genau. Die zur urgeschichtlichen Jagd verwendeten Lanzen und Speere wurden nämlich anfänglich jahrhunderttausendelang ausschließlich aus Holz - also ohne Stein- oder Knochenspitzen - gefertigt und haben sich deshalb in der Regel nicht im Boden erhalten. Erst aus der Zeit vor ungefähr 500 000 Jahren liegen die ältesten, technisch bereits auffallend hoch entwickelten archäologischen Jagdwaffenfunde vor, auf die ich nachher noch kurz eingehen werde.

Von dieser Unsicherheit über die Anfänge der Jagd einmal abgesehen hat Engels den Zusammenhang zwischen frühem Werkzeuggebrauch und dem Beginn der Fleischnutzung aber völlig richtig erkannt. Letztere war für die Hominiden eine durchaus einschneidende Neuerung, denn die Australopithecinen vor 4 oder 5 Millionen Jahren, von denen wir noch keine Steingeräte kennen, ernährten sich vermutlich wie die heutigen Menschenaffen noch fast ausschließlich von pflanzlicher Kost, die im warmen Klima Afrikas ja das ganze Jahr über zur Verfügung stand. Eßbare Früchte, Blätter und Nüsse brauchte man aber nur zu pflücken, und auch nahrhafte Pflanzenwurzeln und -knollen, die die heutigen Menschenaffen kaum nutzen, ließen sich problemlos mit einem unbearbeiteten Stock oder einem spitzen Knochen aus der Erde wühlen. Um aber die Kadaver von großen, dickhäutigen Tieren wie etwa

Zebras oder Antilopen zerteilen und als Nahrungsquelle nutzen zu können, benötigten die Frühmenschen als körperlich nicht besonders kräftige Wesen ohne scharfe Krallen und ohne ein Raubtiergebiß künstlich hergestellte Steinmesser und andere Werkzeuge. Daher ist es gewiß kein Zufall, daß diese ältesten bekannten Arbeitsmittel just aus der Zeit der beginnenden Fleischnutzung vor etwa 3 Millionen Jahren zum ersten Mal vorliegen. Insofern war es wohl tatsächlich das steinerne Werkzeug, das dem werdenden Menschen den Übergang zur neuen Fleischnahrung überhaupt erst in größerem Umfang ermöglichte.

Und diese neue Nahrungsquelle war, wie Engels gleichfalls völlig richtig erkannte, von entscheidender Bedeutung für den weiteren Fortgang der menschlichen Evolution. *„Die Fleischkost enthielt"*, wie der Mitbegründer des Marxismus schon 1876 betonte, *„in fast fertigem Zustand die wesentlichsten Stoffe, deren der Körper zu seinem Stoffwechsel bedarf; sie kürzte mit der Verdauung die Zeitdauer der übrigen vegetativen (...) Vorgänge im Körper ab"* und trug dazu bei, *„dem werdenden Menschen Körperkraft und Selbstständigkeit zu geben. Am wesentlichsten aber war"* - so Engels weiter -

„die Wirkung der Fleischnahrung auf das Gehirn, dem nun die zu seiner Ernährung und Entwicklung nötigen Stoffe weit reichlicher zuflossen als vorher, und das sich daher von Geschlecht zu Geschlecht rascher und vollkommener ausbilden konnte. Mit Verlaub der Herren Vegetarier [die Damen seien hier stillschweigend hinzugefügt, Anm. MK] - *der Mensch ist nicht ohne Fleischnahrung zustande gekommen"*. (18)

Die paläanthropologische Forschung der letzten 130 Jahre hat diese scharfsinnigen Vermutungen voll und ganz bestätigt. Mehr denn je betonen die Fachleute heute, was für ein ausgesprochen energieaufwendiges Körperorgan unser Gehirn ist, das beim modernen Erwachsenen allein etwa ein Viertel der täglichen Kalorienzufuhr beansprucht, und wie sehr es von der überaus fett- und kalorienreichen Fleischkost, die sich die Frühmenschen vor 3 Millionen Jahren mit ihren steinernen Tranchiermessern erschlossen, mit Sicherheit profitierte. Das

Gehirnvolumen der Hominiden wuchs in den nachfolgenden 3 Millionen Jahren denn auch von maximal 500 Kubikzentimetern bei den Australopithecinen auf rund 1000 Kubikzentimeter beim entwickelten *Homo erectus* und schließlich auf über 1400 Kubikzentimeter beim Neandertaler und bei uns. Eine solche Verdreifachung der Gehirngröße innerhalb von ‚nur‘ 3 Millionen Jahren kommt nach entwicklungsgeschichtlichen Maßstäben fast schon einer Explosion gleich.

Diese einschneidende evolutionäre Veränderung vollzog sich freilich nicht bei allen Hominidenarten gleichermaßen. Ein Teil der Australopithecinen scheint sich vielmehr auch noch vor 2 Millionen Jahren, als das Klima in Afrika merklich trockener wurde, weiterhin auf die angestammte Pflanzennahrung beschränkt zu haben und entwickelte dazu passend auch weder Steinwerkzeuge noch ein größeres Gehirn. Diese sogenannten ‚robusten Australopithecinen‘, die heute oft in einer eigenen Gattung *Paranthropus* (= ‚Nebenmensch‘) zusammengefaßt werden, bildeten statt dessen einen gewaltigen Kiefer mit riesigen Backenzähnen aus, die ihnen das Zerbeißen und Zerkauen auch der nun durch die Klimaveränderung sehr viel zäheren und faserigeren Pflanzennahrung erlaubten. Dieser alternative Entwicklungsweg zum ‚Nußknackermensch‘, wie man den betreffenden Australopithecinenzweig scherzhaft auch nennt, unterstreicht umso mehr die entscheidende Rolle der Fleischnutzung für die Menschwerdung der anderen Hominiden, die anstelle eines kräftigeren Gebisses die beschriebenen künstlichen Hilfsmittel zur Erschließung der neuen Nahrungsquelle Fleisch erfanden und in der Folgezeit neben der Greifhand das Gehirn zu ihrem zweiten hochspezialisierten Körperorgan weiterentwickelten. (19)

Ein wesentlicher Grund für die Herausbildung dieses großen und enorm energieaufwendigen Denkorgans waren sicherlich die beschriebenen, immer komplexer werdenden und weiter verfeinerten neuen Arbeitsprozesse wie etwa die Werkzeugherstellung und ab einem gewissen Zeitpunkt auch die Jagd. Sie stellten an das Gehirn sehr viel höhere Anforderungen als die frühere rein tierische Daseinsweise und regten dadurch beständig sein Wachstum und seine Weiterentwicklung an. Engels nannte darüber hinaus aber auch noch einen zweiten entscheidenden Grund: *„Arbeit zuerst, nach und dann mit ihr die Sprache - das sind die beiden wesentlichsten Antriebe, unter deren Einfluß das Gehirn eines Affen in das bei aller Ähnlichkeit weit größere und vollkommnere eines Menschen allmählich übergegangen ist"*, schrieb er 1876 in der *Menschwerdung*. Die *„Ausbildung der Arbeit"* trug nach Engels' Worten nämlich

„notwendig dazu bei, die Gesellschaftsglieder näher aneinanderzuschließen, indem sie die Fälle gegenseitiger Unterstützung, gemeinsamen Zusammenwirkens vermehrte. (...) Kurz, die werdenden Menschen kamen dahin, daß sie einander etwas zu sagen hatten. [Und] das Bedürfnis schuf sich sein Organ: Der unentwickelte Kehlkopf des Affen bildete sich langsam aber sicher um, (...) und die Organe des Mundes lernten allmählich einen artikulierten [Laut] nach dem andern aussprechen".

Diese *„Erklärung der Entstehung der Sprache aus und mit der Arbeit"* (20) ist sicher auch noch aus heutiger Sicht uneingeschränkt richtig, denkt man etwa an die Erfordernisse einer gemeinschaftlichen Großtierjagd. Hinzu kommt aber noch etwas Weiteres: Die frühmenschliche Kultur, die sich seit etwa 2 Millionen Jahren schrittweise herausbildete, beruhte nämlich im Gegensatz zu der stärker auf angeborenen Instinkten basierenden tierischen Daseinsweise ganz maßgeblich auf der Weitergabe von Erfahrungen und Wissen durch Lehren und Lernen von einer Generation an die nächste. Diese für den Menschen charakteristische *soziale Tradition* erlaubte überhaupt erst die kumulative, fortschreitende Anhäufung menschlichen Wissens, doch war sie ab einem gewissen Zeitpunkt ohne das einzigartig leistungsfähige und differenzierte Übermittlungsmedium der Sprache ganz einfach nicht mehr möglich.

Höchst umstritten ist unter den Paläanthropologen indes, *wann* genau dieser Zeitpunkt erreicht war, das heißt auf welcher evolutionären Entwicklungsstufe das Leben und die Kultur unserer Vorfahren so vielschichtig und kompliziert wurden, dass sie das grundlegend neue Verständigungsmittel der Sprache zwingend erforderten. Es gibt auch heute noch einzelne Fachleute, die selbst dem Neandertaler und erst recht dem ihm vorausgehenden *Homo erectus* jedes entwickeltere Sprachvermögen komplett absprechen und das neue Kommunikationsmittel erst in der Epoche der ältesten figürlichen Kunstwerke und Höhlenmalereien vor 40 000 Jahren im Entstehen begriffen sehen. Dieselben Forscher betrachten allerdings auch sämtliche Hominiden vor der Zeitmarke von 100 000 Jahren vor heute trotz ihrer Faustkeile und ihres beständig wachsenden Gehirns immer noch als eine Art von Halbtieren und billigen Menschlichkeit und Kultur ausschließlich dem anatomisch modernen *Homo sapiens* - also uns selbst - zu. Solche Auffassungen widersprechen, wenn man sie konsequent zu Ende denkt, natürlich dem Entwicklungsgedanken und sind daher von einem materialistischen Standpunkt aus gewiß abzulehnen.

Andere Anthropologen haben versucht, aus der Körperanatomie unserer Vorfahren und aus den in ihren Schädeln bisweilen umrißhaft erkennbaren Gehirnabdrücken Hinweise auf die Ausbildung ihrer Stimmorgane und der Sprachzentren in ihrem Gehirn zu gewinnen. Solche anatomischen Detailstudien bilden heute fast schon eine eigene kleine Wissenschaft und haben doch letztlich keine Gewißheit erbracht, denn sie gelangten zu völlig unterschiedlichen Resultaten. Nach meiner persönlichen Überzeugung läßt sich die Sprachfähigkeit bereits der frühen Hominiden immer noch weitaus am plausibelsten aus ihren technischen Fähigkeiten und kulturellen Leistungen erschließen, und eine solche Betrachtungsweise führt zwangsläufig zu dem Ergebnis, dass spätestens der jüngere *Homo erectus* oder *Homo heidelbergensis* vor 500 000 Jahren, vielleicht aber auch schon die Frühmenschen vor 1 oder 1,5 Millionen Jahren über eine leistungsfähige Sprache verfügt haben müssen. (21)

Als weitere entscheidende Wegmarken der Menschwerdung führte Engels in seiner Schrift die *„Dienstbarmachung des Feuers"* und die *„Zähmung von Tieren"* an. (22) Die Tierdomestikation erfolgte, wie man heute weiß, mit Ausnahme des schon früh aus dem Wolf gezüchteten Hundes erst im Rahmen der Ackerbaurevolution vor 10 000 Jahren, doch die Feuernutzung war in der Tat eine der frühesten und wichtigsten Errun-

genschaften des altsteinzeitlichen Menschen. Möglicherweise
brannten die ersten Feuer bereits vor 1,5 Millionen Jahren an
den Lagerplätzen afrikanischer *Homo erectus*-Gruppen, und
spätestens vor 500 000 Jahren sind sie dann vielerorts auf der
Welt belegt. Zu Beginn wird es sich vermutlich noch um durch
Blitzschlag oder Buschbrände natürlich entstandenes Feuer
gehandelt haben, das sich unsere Vorfahren mittels brennender
Äste aneigneten und als sorgsam gehütete Glut von Lagerplatz
zu Lagerplatz mit sich trugen. Wann genau sie es lernten, durch
Funkenschlag oder Reibungshitze selbst Feuer zu erzeugen,
läßt sich archäologisch leider nur schwer erschließen - doch
werden spätestens die Neandertaler vor 100 000 Jahren mit
Sicherheit dazu in der Lage gewesen sein. (23)

So oder so kürzte das Feuer nicht nur *„den Verdau-*
ungsprozeß ab", indem es die geröstete Nahrung *„schon sozu-*
sagen halb verdaut an den Mund brachte", wie Engels zutreffend schrieb, (24) sondern bildete darüber hinaus auch einen
wirksamen Schutz gegen Raubtiere und verlängerte die tägliche
Aktivitätsspanne des Menschen, indem es die Nacht erhellte
und auf diese Weise ein Stück weit ‚zum Tag machte'. Vor
allem aber lieferte es angenehme und lebensnotwendige Wärme und ermöglichte dadurch unseren Vorfahren, die ihr frühe-
res schützendes Haarkleid zu dieser Zeit bereits weitgehend
verloren hatten, das Überleben auch in kühleren Klimazonen,
die ihnen ohne dieses wichtige Hilfsmittel verschlossen geblie-
ben wären.

Diesen Gesichtspunkt hat Engels gleichfalls bereits vor
130 Jahren sehr scharfsinnig und treffend herausgearbeitet:
„Wie der Mensch alles Eßbare essen lernte", schrieb er 1876,

„so lernte er auch in jedem Klima leben. Er verbreitete sich über die
ganze bewohnbare Erde, er, das einzige Tier, das in sich selbst die
Machtvollkommenheit dazu besaß. Die andren Tiere, die sich an alle
Klimate gewöhnt haben, haben dies nicht aus sich selbst, nur im
Gefolge des Menschen, gelernt: Haustiere und Ungeziefer. Und der
Übergang aus dem gleichmäßig heißen Klima der Urheimat in kälte-
re Gegenden, wo das Jahr sich in Winter und Sommer teilte, schuf
neue Bedürfnisse: Wohnung und Kleidung zum Schutz gegen Kälte
und Nässe, neue Arbeitsgebiete und damit neue Betätigungen, die den
Menschen immer weiter vom Tier entfernten". (25)

Diese charakteristisch menschliche Anpassung an die Umwelt mit Hilfe von Technik und Kultur erwies sich als sehr viel leistungsfähiger und flexibler als die sonst im Tierreich übliche biologisch-genetische Anpassungsweise. In der weiteren Entwicklung ging aus ihr schließlich die für die jüngeren Geschichtsepochen kennzeichnende menschliche *"Herrschaft über die Natur"* hervor, für die Engels in seiner Schrift gleichermaßen positive wie kritische Worte fand (26)

Die moderne Urgeschichtsforschung hat diese vom Mitbegründer des Marxismus hervorgehobenen Zusammenhänge in den letzten Jahrzehnten durch neue archäologische Funde eindrucksvoll bestätigt und zugleich in immer größere Zeittiefen zurückverschoben. Während die ältesten Hominiden bis vor 2 Millionen Jahren mit ihrer noch sehr rudimentären Technik nach heutigem Wissen ausschließlich auf ihre afrikanische Urheimat beschränkt blieben, kam es vor 1,8 bis 1,5 Millionen Jahren offenbar zu einer ersten Ausbreitungswelle, die den frühen *Homo erectus* bis nach Georgien, China und Java führte. Dieser Frühmensch wurde damit zum ersten ‚Weltentdecker‘ und ‚Weltenwanderer‘, wenngleich sich seine auf der Karte heute so eindrucksvoll wirkende Ausbreitung damals nur jeweils um wenige Kilometer pro Generation und damit fast unmerklich langsam vollzogen haben mag - Zeit genug stand unseren Vorfahren ja zur Verfügung. Außerdem wiesen die meisten der Gebiete, die die Frühmenschen im Verlauf dieser ältesten Kolonisierungswelle neu besiedelten, anscheinend tropische oder subtropische Park- und Savannenlandschaften ähnlich denen Afrikas auf, so dass diese erste Ausbreitung vermutlich noch keine allzu großen technischen Anpassungsleistungen erforderte, sondern eher den zum Teil gleichfalls sehr weiträumigen Wanderungen anderer Säugetiere glich.

Völlig anders lagen die Dinge hingegen, als späte asiatische *Homo erectus*-Formen und die Vorfahren der Neandertaler in Europa (*Homo heidelbergensis*) vor etwa 500 000 Jahren damit begannen, immer kühlere und während der Winter ausgesprochen frostige Klimazonen zu besiedeln. Hier hätten sie ohne das Feuer und ohne die von Engels hervorgehobene

„Wohnung und Kleidung zum Schutz gegen Kälte und Nässe" (27) in der Tat kaum eine Überlebenschance gehabt, und so finden sich an diesen sehr viel weiter nördlich gelegenen Fundstätten häufig auch Aschereste von Feuerstellen und die Grundrisse durch Stein- oder Knochenringe begrenzter einfacher Zelt- und Hüttenbauten. Kleidungsstücke aus Fell oder Leder lassen sich überlieferungsbedingt leider nicht nachweisen, doch müssen sie nach übereinstimmender Meinung der Fachleute in diesen kühlen Siedlungszonen gleichfalls schon früh vorausgesetzt werden.

Auch die regelmäßige Jagd auf Tiere spielte in den nördlichen Breiten, wo während der Winter ja kaum pflanzliche Nahrung zur Verfügung stand, sicher eine noch wesentlich größere und lebenswichtigere Rolle als im warmen und das ganze Jahr über an Pflanzennahrung reichen Afrika, und so ist es wohl kein Zufall, daß die frühesten gesicherten Jagdplätze gerade im vergleichsweise kühlen Mitteleuropa ausgegraben wurden. Den bislang ältesten von ihnen entdeckten Archäologen 1995 im Braunkohlentagebau Schöningen in Niedersachsen, wo nicht weniger als acht sorgfältig gefertigte und vorzüglich erhaltene Holzspeere aus der Zeit vor 300 000 Jahren zutage kamen. *Homo erectus-* oder *Homo heidelbergensis-*Jäger hatten mit diesen bereits sehr leistungsfähigen Fernwaffen offenkundig eine größere Anzahl von Wildpferden erlegt, deren Knochen die Ausgräber noch zwischen den Speeren fanden. (28)

Mit dieser ‚Momentaufnahme' frühmenschlichen Lebens vor 300 000 Jahren möchte ich meinen Überblick beenden, der im Ergebnis gezeigt hat, welch einen erstaunlichen erkenntnistheoretischen Wert Friedrich Engels' Schrift aus dem Jahr 1876 auch heute noch besitzt, wenn man auf die grundlegenden Gedankengänge schaut und nicht auf zeitabhängige Einzeldaten und Details, die nach 130 Jahren natürlich nicht mehr unverändert gültig sein können. Schließen möchte ich meine Skizze mit Engels' kritischem Hinweis, dass hinter Kunst und Religion, Wissenschaft und den zahlreichen anderen *„Produkten des Kopfs, (...) die die menschlichen Gesellschaften zu beherrschen schienen, die bescheidneren Erzeugnisse der arbeitenden*

Hand" in der traditionellen Geschichtsschreibung stets *„ in den Hintergrund"* traten. *„Dem Kopf, der Entwicklung und Tätigkeit des Gehirns, wurde alles Verdienst an der rasch fortschreitenden Zivilisation zugeschrieben"*, so der Mitbegründer des Marxismus, und auf diese Weise *„entstand mit der Zeit jene idealistische Weltanschauung, die namentlich seit Untergang der antiken Welt die Köpfe beherrscht hat"*. *„Sie herrscht noch so sehr"*, vermerkte Engels weiter, *„dass selbst die materialistischsten Naturforscher der Darwinschen Schule sich noch keine klare Vorstellung von der Entstehung des Menschen machen können, weil sie unter jenem ideologischen Einfluß die Rolle nicht erkennen, die die Arbeit dabei gespielt hat"*. (29)

Diese Worte erscheinen mir wie zugeschnitten auf jene gar nicht so wenigen heutigen Urgeschichtsforscher, die vom *Menschen* ausschließlich im Hinblick auf den ‚symbolisch denkenden' und künstlerisch tätigen *Homo sapiens* sprechen und die charakteristisch menschliche Kultur erst mit dem Erscheinen aufwendig gearbeiteter Schmuckstücke, eindrucksvoller figürlicher Kunstwerke und Höhlenmalereien und geschnitzter Knochenflöten in der archäologischen Überlieferung vor 40 000 Jahren beginnen lassen wollen. Im Gegensatz zu diesen namentlich in der englischsprachigen Forschung auch heute noch weitverbreiteten Auffassungen zeigt eine materialistische Analyse, daß der Mensch und die durch seine Tätigkeit geschaffene Kultur weit älter sind als der anatomisch moderne *Homo sapiens* und sich ebenso gut an anderen Indizien und Kriterien festmachen lassen als an den heute so oft einseitig in den Vordergrund gestellten ‚nichttechnologischen' Kulturgütern wie Schmuck oder Kunst. Dies bereits vor 130 Jahren, in den allerersten Anfängen der Urgeschichtsforschung, deutlich erkannt und hervorgehoben zu haben, ist das unbestreitbare Verdienst Friedrich Engels' und der bleibende Wert seiner Schrift *Anteil der Arbeit an der Menschwerdung des Affen* - auch und gerade im Neandertalerjahr 2006.

Gab es einen ‚Urknall' der Kultur? Meilensteine der kulturellen Evolution

(Aufsatz aus dem Jahr 2005 - siehe die Editorische Notiz im Anhang)

„Es kann auch gar nicht anders sein, als dass die Urkunden umso dürftiger und lückenhafter (...) werden, je älter und entfernter sie sind. So gleicht unser Weg der Suche nach dem Ursprung eines Stromes. Er führt schließlich in jene Gebirgsregion, wo der Anstieg steiler und mühsamer wird, die Pflanzen- und Tierwelt in Geröllhalden und Felsen erstirbt und Nebentäler und Vorgipfel den Blick verwirren - werden wir die Quelle finden?" (5)

Viel wurde darüber debattiert und gestritten, wann und auf welche Weise der Mensch zum Kulturwesen wurde. Folgte sein kultureller Aufstieg den gleichen Gesetzen einer allmählichen, schrittweisen Entwicklung vom Einfachen hin zum Komplexen, wie sie für die biologische Evolution der Lebewesen kennzeichnend ist? Oder trat die menschliche Kultur zu einem bestimmten, fest umrissenen Zeitpunkt ganz plötzlich und in bereits weitgehend entwickelter Form in Erscheinung, wie dies nicht selten zu hören und zu lesen ist? Die Antwort auf diese Frage hängt nicht zuletzt davon ab, wie man den Begriff der Kultur definiert.

Schlägt man den *Kulturteil* der Zeitungen auf oder schaltet man das *Kulturprogramm* im Fernsehen ein, so geht es dort in erster Linie um Literatur und Theater, Malerei und Musik - kurz gesagt um die sogenannten ‚Schönen Künste'. Unser Alltagsverständnis von Kultur ist also weitgehend identisch mit dem Begriff der ‚Kunst' und bezieht sich auf die verschiedenartigen Formen musischer Betätigung jenseits des Alltäglichen. Dieser ‚anspruchsvolle', gehobene Kulturbegriff ist besonders in Deutschland tief in der historischen Tradition verwurzelt und läßt sich bis zu den Werken Immanuel Kants und Wilhelm von Humboldts mit ihrer Gegenüberstellung von ‚geistvoller‘ Kultur und ‚technisch-nüchterner‘ Zivilisation zurückverfolgen.

Kultur in diesem spezifisch ‚musischen‘ Sinn ist archäologisch erst seit etwa 40 000 Jahren eindeutig belegt, und zwar - neben Australasien - zunächst vor allem in West- und Mitteleuropa. Zu Beginn der jüngeren Altsteinzeit - des sogenannten Jungpaläolithikums - tauchen dort bemerkenswert plötzlich und ohne erkennbare Vorläufer die ältesten figürlichen Kunstwerke, Höhlenmalereien und Musikinstrumente der Menschheitsgeschichte in der archäologischen Überlieferung auf. Besonders bekannt sind die Bilderhöhle von Lascaux in der Dordogne und die 1994 entdeckte Grotte Chauvet in Südfrankreich mit ihren mehrere zehntausend Jahre alten Wandgemälden von Aurochsen und Pferden, Nashörnern und Löwen, doch auch die kleinen geschnitzten Elfenbeinfigürchen eiszeitlicher Tiere und die eindrucksvolle Schnitzskulptur eines vermutlich mythischen ‚Löwenmenschen‘ aus den Höhlenfundstätten der Schwäbischen Alb sind weltweit bekannt. In diesen Albhöhlen entdeckten Archäologen auch mehrere zierliche Flöten aus Vogelknochen und Mammutelfenbein - die ältesten bekannten Musikinstrumente der Welt. (6) Gleichzeitig mit diesen frühesten Kunstwerken erscheinen im Jungpaläolithikum auch die ältesten aufwendig hergestellten Schmuckstücke sowie in der ausgefeilten neuen ‚Klingentechnik‘ angefertigte Stein- und Knochenwerkzeuge. Auch die ersten direkten Hinweise auf akkurat genähte Kleidungsstücke aus Fell oder Leder stammen aus dieser Zeit.

Angesichts dieser zahlreichen bahnbrechenden Neuerungen herrscht in der Forschung schon lange Einigkeit darüber, dass in dieser Urgeschichtsepoche ein ganz entscheidender Durchbruch in der Kulturentwicklung des altsteinzeitlichen Menschen stattgefunden haben muß, für den man in den 1970er Jahren die Bezeichnung *jungpaläolithische Revolution* prägte. (7) Die Bedeutung dieses Begriffs hat sich während der letzten Jahrzehnte freilich grundlegend gewandelt: Verstanden die Fachleute darunter zunächst den letzten bedeutenden Entwicklungsschub - gewissermaßen einen finalen ‚Quantensprung‘ - in der Entwicklung der zeitlich sehr viel weiter zurückreichenden und bereits Jahrhunderttausende zuvor begonnenen altsteinzeitlichen Kultur, so betrachten heute viele Urgeschichtsforscher namentlich im englischsprachigen Raum die ‚jungpaläolithische Revolution‘ als den eigentlichen Beginn und Startpunkt der menschlichen Kulturentwicklung - als eine Art kulturellen ‚Urknall‘ oder *Big bang*. Und da dieser vermeintliche ‚Urknall‘ mit dem nach heutigem Wissen aus Afrika stammenden frühmodernen *Homo sapiens* verbunden war, gilt dieser anatomisch und intellektuell bereits weitgehend uns selbst gleichende Vorfahr den betreffenden Forschern zugleich auch als das erste wirklich humane Kulturwesen, während alle älteren Menschenformen wie der *Homo erectus* und die Neandertaler nach ihrer Auffassung noch weitgehend kulturlose und damit letztlich vormenschliche Wesen waren. Forscher wie der amerikanische Archäologe Richard G. Klein und der Linguist Derek Bickerton äußerten vor einigen Jahren sogar die Vermutung, eine einzige genetische Mutation unter den frühmodernen *Sapiens*-Menschen Afrikas habe vor 50 000 Jahren gewissermaßen über Nacht die biologischen Grundlagen für die menschliche Kulturfähigkeit geschaffen und auf diese Weise den nachfolgenden ‚kulturellen Urknall‘ erst möglich gemacht. (8) Die Entstehung der menschlichen Kreativität und Kultur wird hier also ganz unmittelbar als das Resultat eines einzelnen genetischen Ereignisses zu einem bestimmten Zeitpunkt und an einem bestimmten Ort gewertet.

Diese Auffassung wird indes kaum den Tatsachen gerecht, wenn man von einem umfassenderen, weiter gefaßten Kulturbegriff ausgeht, wie er in den Kulturwissenschaften schon seit langem gebräuchlich ist. Anders als im täglichen Sprachgebrauch bezeichnet der Begriff ‚Kultur‘ dort nicht allein die musischen Werke und Schöpfungen des Menschen, sondern die Gesamtheit der materiellen und geistigen Hilfsmittel, durch die er seine natürliche biologische Ausstattung ergänzte und auf diese Weise gleichsam künstlich erweiterte, so dass es ihm schließlich sogar gelang, sich ein gutes Stück weit von den rein biologischen Evolutionsmechanismen zu lösen und aus der ihn umgebenden Natur herauszuheben. Die menschliche Kultur in diesem Sinn zeichnet sich durch folgende Merkmale und Funktionsprinzipien aus:

   * Sie setzt Werkzeuge und andere technische Hilfsmittel an die Stelle körperlicher Spezialisierungen und ermöglicht dadurch eine vorrangig ,technologische' statt der sonst im Tierreich üblichen körperlich-biologischen Anpassung an die jeweilige Umwelt. Wo etwa Raubtiere ihre Beute mit scharfen Krallen und Zähnen zur Strecke bringen und in Stücke reißen, verwendet der menschliche Jäger dafür schon seit Urzeiten selbst hergestellte Jagdwaffen und Tranchiermesser, und wo ein dickes Fell Mammute und Wollnashörner vor der Kälte der Eiszeiten schützte, fertigten die Menschen der Altsteinzeit sich statt dessen Kleidungsstücke an und trotzten dem frostigen Klima mit Hilfe wärmender Feuer.

   * Die zur Entwicklung und Anwendung dieser Hilfsmittel und Techniken erforderlichen Kenntnisse sind den einzelnen Individuen nicht angeboren und werden nicht auf genetischem Weg weitervererbt, sondern müssen ebenso wie das übrige kulturelle Wissen durch Lehren und Lernen - also auf dem Weg der *sozialen Tradition* - von einer Generation an die nächste weitergegeben werden. Dieser kulturelle Tradierungsprozeß, der beim Menschen im Lauf seiner Entwicklungsgeschichte einen wesentlich höheren Stellenwert erlangte als im übrigen Tierreich, stellt außergewöhnlich hohe Anforderungen an die Fähigkeiten und Mittel zur Verständigung und zur Weitergabe von Information. Nicht zuletzt deshalb entwickelte der Mensch im Laufe von Jahrhunderttausenden und Jahrmillionen ein im Tierreich einzigartiges, beispiellos leistungsfähiges und differenziertes neues Kommunikationssystem - die menschliche Sprache.

   * Die auf diesen Elementen basierende technologisch-kulturelle Anpassung an die Umwelt erfolgt im allgemeinen sehr viel schneller und ist wesentlich flexibler als die rein biologische Anpassung auf dem Weg körperlicher und genetischer Veränderungen. Durch die Nutzung von Feuer, Kleidung und einfachen Behausungen konnte schon der frühe Mensch sehr

viel rascher und unmittelbarer auf die ausgeprägten Klimaschwankungen des Eiszeitalters reagieren und ein breiteres Spektrum von Klimazonen besiedeln als die meisten Tiere. Dadurch wurde auch die Gefahr des Aussterbens infolge von Umweltveränderungen und natürlichen Selektionsprozessen erheblich reduziert, wenngleich nicht völlig ausgeschaltet, wie etwa das Verschwinden der Neandertaler zeigt.

Die in diesem Sinne verstandene menschliche Kultur ist anders als die überlieferte Kunst nicht erst 40 000 Jahre alt, sondern begleitet die Gattung *Homo* schon seit ihren Anfängen vor über zwei Millionen Jahren und hat das erfolgreiche Überleben des Menschen als eines körperlich nur wenig spezialisierten und ganz von seinen geistigen Fähigkeiten und seiner manuellen Geschicklichkeit abhängigen Wesens erst möglich gemacht. (9) Sie entstand auch nicht in einem einzigen abrupten ,Urknall', sondern hat sich im Laufe von zweieinhalb Millionen Jahren in zahlreichen kleinen Einzelschritten parallel zur Ausbildung des Gehirns als Denk- und der Hand als Arbeitsorgan herausgebildet. Unsere ,kulturelle Evolution' erfolgte also im engen Zusammenspiel mit unserer körperlichen, biologischen Entwicklung, wobei ihre archäologischen Zeugnisse allerdings bis vor rund 500 000 Jahren tatsächlich weitgehend auf den technologischen Bereich beschränkt bleiben - erst danach wird eine kulturelle Entfaltung auch in anderen Daseinsbereichen erkennbar. Folgende grundlegenden Entwicklungsstufen (10) dieser kulturellen Evolution, von denen vermutlich jede für sich eine Art kleinen *Big bang* darstellte, lassen sich auf archäologischem Weg erschließen:

Stufe 1: Vor ungefähr 3 Millionen Jahren verfertigten späte Vormenschen (Australopithecinen) und frühe Vertreter der Gattung *Homo* in Afrika die ältesten, noch sehr einfachen Steinwerkzeuge, um mit ihnen Tierkadaver zu zerlegen und ihr Fleisch als zusätzliche neue Nahrungsquelle zu nutzen. Mit dieser Erfindung des steinernen Werkzeugs im sogenannten *Oldowan* (benannt nach einem Fundort in Tansania) begann die ,Steinzeit'. Weitere Kulturelemente sind aus ihrem Beginn bislang nicht bekannt, obwohl es vermutlich auch schon höl-

zerne Grabstöcke und andere Gerätschaften aus Holz oder
Knochen gab, die sich aber nicht über die Jahrmillionen hinweg im Boden erhalten haben.

Stufe 2: Vor etwa 1,5 Millionen Jahren entwickelten
Frühmenschen der Art *Homo erectus* gleichfalls in Afrika einen neuen, ausgefeilteren Typus von Steinwerkzeugen - die
sogenannten Faustkeile. Diese tropfen- oder mandelförmigen
Geräte von zumeist symmetrischer Gestalt wurden in einer
bereits sehr aufwendigen und gekonnten Rundum-
Bearbeitungstechnik aus Steinrohlingen gefertigt und waren für
recht vielfältige und anspruchsvolle Tätigkeiten verwendbar.
Darüber hinaus lassen sie auch bereits einen ausgeprägten Sinn
für Ästhetik und ein deutliches Streben nach handwerklicher
Perfektion erkennen.

Mit dem *Homo erectus* breiteten sich diese charakteris-
tischen Steinwerkzeuge über weite Teile Eurasiens aus und
waren vor 500 000 Jahren in einem ausgedehnten, von Spanien
bis nach Indien reichenden Raum in Gebrauch. Ohne weiträu-
mige Wanderungen und ein dichtes Netz überregionaler Kontakte wäre eine solch weite Verbreitung kaum möglich gewesen. Ihre über Jahrhunderttausende hinweg nahezu unveränder-
te und nur in Details modifizierte Form weist dabei einerseits
auf eine weitgehend optimierte und kaum mehr verbesserungs-
fähige Funktionstauglichkeit dieses Gerätetyps, andererseits
aber auch auf eine nicht sehr ausgeprägte Innovationsfreudig-
keit der Früh- und Altmenschen des *Acheuléen* hin, wie man
die Faustkeilkulturen nach einem französischen Fundort zu-
sammenfassend nennt.

Seit ungefähr einer halben Million Jahren häufen sich
dann auch andere Belege für eine bereits weitgehend kulturell
geprägte Lebensweise des *Homo erectus* und des *Homo heidelbergensis*, denen man die Faustkeilkulturen überwiegend zu-
schreibt. Spätestens jetzt nutzten sie offenbar regelmäßig das
Feuer, das ihnen die Besiedlung auch kühlerer Klimazonen
ermöglichte, und waren zu gewohnheitsmäßigen und routinier-
ten Großwildjägern geworden, wie steinerne Schlachtmesser
und Waffen- sowie Beutereste von verschiedenen Fundorten
aus dieser Zeit belegen. An der 320 000 Jahre alten Fundstätte

Schöningen in Niedersachsen entdeckten Archäologen beispielsweise nicht weniger als acht leistungsfähige hölzerne Wurfspeere zwischen den Knochen zahlreicher Wildpferde, die offenkundig mit diesen frühen Fernwaffen getötet worden waren. Und am südenglischen Fundplatz Boxgrove jagten und zerlegten Frühmenschen vor 500 000 Jahren anscheinend sogar große und gefährliche Bisons und Nashörner, wie direkt neben deren Skelettresten aufgefundene Faustkeile und andere Steinwerkzeuge vermuten lassen. In solchen Funden und Befunden wird die ‚technologische Macht‘ unmittelbar deutlich, die dem frühen Menschen dank seiner Werkzeug- und Waffenkultur im entwickelten *Acheuléen* bereits zugewachsen war.

In Schöningen kamen neben den erwähnten Speeren auch noch andere Geräte aus Holz zutage, das zu dieser Zeit sicher ein sehr viel wichtigeres und häufiger verwendetes Rohmaterial war, als die archäologischen Funde es aufgrund seiner Vergänglichkeit erkennen lassen - manche Forscher bezeichnen die Steinzeit deshalb in gleichem Maß auch als eine ‚Holzzeit‘.

An der 370 000 Jahre alten *Homo-erectus-* oder *Homo-heidelbergensis*-Fundstätte Bilzingsleben in Thüringen errichteten Frühmenschen nach den (in der Fachwelt allerdings umstrittenen) Rekonstruktionen der Ausgräber möglicherweise sogar schon einfache zelt- oder hüttenartige Behausungen, und von dem Fundplatz liegen zudem mehrere Tierknochen mit merkwürdigen, nur schwer deutbaren Strichgravierungen und Ritzungen auf ihrer Oberfläche vor, die vielleicht bereits auf eine frühe Form von Symbolismus hinweisen. (11) An anderen 300 000 bis 400 000 Jahre alten Fundorten benutzten Frühmenschen offenbar mineralische Farbstoffe, um ihre Haut oder andere Oberflächen einzufärben, und sammelten Quarzkristalle und versteinerte Fossilien. Von zwei Faustkeilfundplätzen bei Berekhat-Ram auf den Golanhöhen und bei Tan-Tan in Marokko sind schließlich von Natur aus figurenartig geformte und an kleine Menschenskulpturen erinnernde Steinbrocken bekannt, die anscheinend von Frühmenschen aufgesammelt und gezielt in ihrer figürlichen Gestalt nachbearbeitet wurden. Hier deutet sich zum ersten Mal in der kulturellen Entwicklung des frühen Menschen eine Beschäftigung mit nicht unmittelbar lebensnotwendigen und ‚nutzbringenden', aus dem Alltagsleben herausgehobenen Dingen an. (12)

Stufe 3: Im sogenannten ‚Mittelpaläolithikum' vor 250 000 bis 40 000 Jahren perfektionierten frühe afrikanische *Sapiens*-Menschen und die europäischen Neandertaler, die sich mittlerweile aus dem *Homo heidelbergensis* entwickelt hatten, die Steingeräteherstellung. Mit Hilfe eines ausgeklügelten neuen Verfahrens - der sogenannten *Levallois-Technik* (benannt nach einem französischen Fundort) - fertigten sie Steinwerkzeuge nun gezielt in genau vorherbestimmter Größe und Form an. Die übrige Lebensweise scheint sich gegenüber der Kultur des *Homo heidelbergensis* hingegen zunächst nur wenig verändert zu haben. Vor ungefähr 100 000 Jahren tauchen im archäologischen Fundbild dann aber immer zahlreichere Vorboten und Elemente der erwähnten ‚jungpaläolithischen Revolution' auf. Neben den bis dahin üblichen Abschlagwerkzeugen wurden nun immer öfter auch langschmale sogenannte ‚Klingengeräte' aus Stein hergestellt, die im nachfolgenden Jungpaläolithikum dann zur vorherrschenden Norm wurden. Im Nahen Osten und in Europa begannen frühe *Sapiens*-Menschen und klassische Neandertaler zum ersten Mal einige ihrer Verstorbenen zu bestatten, was möglicherweise mit einem Nachdenken über den Tod und einer veränderten Haltung ihm gegenüber zu tun hatte. Auch der Gebrauch farbiger Mineralien zur Körperbemalung oder zum Einfärben von Gegenständen ist seit etwa 100 000 Jahren immer häufiger belegt, und in der Blombos-Höhle in Südafrika trugen frühmoderne *Sapiens*-Menschen vor 75 000 Jahren die ältesten bekannten Schmuckketten aus durchbohrten Gehäusen von Meeresschnecken. Auch in Europa sind aus etwas jüngerer Zeit durchbohrte und vermutlich als Anhänger getragene Schneckenhäuser und Muschelschalen, Tierzähne und -knochen bekannt, und in einer Höhle bei Arcy-sur-Cure in Frankreich fertigten Neandertaler vor 40 000 Jahren regelrechte ‚Schmuckkolliers' aus perforierten Tierzähnen und Elfenbeinperlen, für die ihnen möglicherweise Schmuckstücke der zu dieser Zeit in Europa eingewanderten *Sapiens*-Menschen als Vorbilder dienten. (13)

Stufe 4: Vor etwa 40 000 Jahren kulminierte die skizzierte Entwicklung in der bereits erwähnten ‚jungpaläolithischen Revolution' mit ihrer einzigartigen Blüte von Technik und Kultur, Symbolismus und Kunst. Diese ‚kulturelle Explosion' ist in ihrer eingangs beschriebenen Form allerdings bislang nur in Europa und auf der gegenüberliegenden Seite des Globus, in Australasien, archäologisch eindeutig belegt - es scheint sich also keineswegs um ein universelles und global verbreitetes Wesensmerkmal des frühmodernen Menschen gehandelt zu haben. Ausschlaggebend für diese außergewöhnliche Kulturblüte waren vielmehr wohl besondere historische Umstände wie das Zusammentreffen der vor etwas über 40 000 Jahren in Europa eingewanderten afrikanischen *Sapiens*-Menschen mit den dort schon seit Jahrhunderttausenden beheimateten Neandertalern, die nach neueren Erkenntnissen durchaus auch selbst ein Stück weit an der ‚jungpaläolithischen Revolution' Anteil gehabt haben könnten. (14)

Auch sonst waren die beschriebenen kulturellen Entwicklungsstufen keineswegs immer mit nur einer einzigen biologischen Menschenart verknüpft - beispielsweise verwendeten sowohl der afrikanische *Homo erectus* als auch die europäischen Neandertaler annähernd identische Faustkeile, und im Nahen Osten verfertigten frühmoderne *Sapiens*-Menschen vor 100 000 Jahren fast exakt die gleichen mittelpaläolithischen Abschlaggeräte wie die Neandertaler.

Überblickt man die Entwicklung im Ganzen, so gab es in der menschlichen Evolutionsgeschichte keinen einzelnen, abrupten ‚Urknall der Kultur', sondern vielmehr eine schrittweise, kumulative Weiterentwicklung, innerhalb derer mehrere grundlegende kulturelle Entwicklungsschübe oder *Big bangs* erkennbar sind. Die ‚jungpaläolithische Revolution' markierte zweifellos einen besonders bedeutsamen, abschließenden ‚Quantensprung' innerhalb dieses mehr als zwei Millionen Jahre lang andauernden kulturellen Evolutionprozesses, indem sie den Menschen geistig und in seinem kreativen Potential endgültig auf sein heutiges Niveau hob. Sie eröffnete ihm damit völlig neue, niemals zuvor dagewesene Entwicklungs- und Entfaltungsmöglichkeiten - doch das taten die Faustkeile des *Homo erectus* vor 1,5 Millionen Jahren auf ihre Weise auch.

Aus diesem Blickwinkel heraus kann die aktuelle Lehrmeinung, die menschliche Kultur habe erst mit den Höhlenmalern und Elfenbeinschnitzern des Jungpaläolithikums vor 40 000 Jahren begonnen, nicht mehr Wahrheit für sich beanspruchen als das Urteil des französischen Entdeckers der Faustkeile, Jacques Boucher de Perthes, *„der erste, der einen Feuerstein gegen einen anderen schlug"*, habe damit *„auch den ersten Meißelhieb getan, um die Marmorwerke des Parthenon zu bilden"*. - *„In ihrer Unvollkommenheit beweisen diese groben Steine das Dasein des Menschen ebenso sehr wie ein ganzer Louvre"*, fügte der Pionier der Altsteinzeitforschung um 1860 hinzu (15) - eine derzeit sicher nicht besonders verbreitete Auffassung, die aber dennoch viel für sich hat.

Der Mythos vom *Super-Sapiens* - eine Polemik

(Erstmals 1997 in gekürzter Version veröffentlicht
- vgl. die Editorische Notiz im Anhang)

Es ist eine finstere und klirrend kalte Nacht - die fast baumlose Landschaft ist in Schnee und Eis gehüllt. Nur mit Mühe erkennt man eine kahle, steile Felswand, die hinter ein paar zerzausten Büschen emporragt. Doch dann wird ein schwacher Licht- schein sichtbar - er dringt aus einer kleinen Höhle, die knapp über dem Talgrund in den Fels hineinführt. Undeutliche Schat- ten tanzen in ihrem Eingangsbereich, und aus ihrem Inneren sind seltsame Geräusche zu vernehmen.

Nur ein paar Schritte noch, und dann fällt der Blick auf ein halbes Dutzend wilder, zerrupfter Gestalten, die rund um ein kleines Feuer in der Mitte der Grotte hocken. Sie sind von geradezu bizarrer Häßlichkeit mit ihren ungeschlachten, über und über behaarten und nur notdürftig durch einige umge- hängte Felle verhüllten Körpern. Ihre Gesichter sind von bru- taler, abstoßender Rohheit, mit einer affenartigen Schnauze und stumpf dreinblickenden Augen unter der weit vorspringen- den Stirn, an der schmutzige und zerzauste Haarsträhnen kle- ben. Mit ihren riesigen, gelben Zähnen beißen die eklen Krea- turen begierig in große, fetttriefende Tierschenkel, die sie in ihren prankenartigen Händen halten, und kauen laut rülpsend und schmatzend, wobei ihnen unentwegt halb rohe und noch blutige Fleischstücke aus dem Mund fallen.

Plötzlich wirft eine der wilden Gestalten ihren abge- nagten Knochen in eine Höhlenecke und erhebt sich langsam und schwerfällig, um einen weiteren Fleischbrocken von dem nicht mehr ganz frischen und unangenehm riechenden Tierka- daver neben dem Feuer abzureißen. Doch diese Absicht scheint einem anderen, größer und stämmiger gebauten Mitglied der zerzausten Horde zu mißfallen: Er greift sich einen der zahl- reich auf dem Boden umherliegenden Knochen und geht damit

*heftig schnaubend und bedrohlich blickend auf den schmächti-
geren Artgenossen zu. Dieser läßt das eben erst abgetrennte
Stück Fleisch rasch wieder fallen und zieht sich erschrocken in
den Kreis der Sippengenossen zurück, die das Geschehen laut
fauchend und grunzend mitverfolgt haben.*

Höhlenleben vor hunderttausend Jahren - so wie es uns in zahllosen Steinzeitromanen, Filmen und Karikaturen vorgeführt
wird. Jeder kennt das Klischee: Neandertaler oder einfach nur
‚Urmenschen‘, das sind die hängeschultrigen Wesen mit dem
schlurfenden Gang, dem leicht beschränkten bis schwachsinni-
gen Gesichtsausdruck und dem stieren, finsteren Blick, die
zwar über gewaltige Muskelpakete, aber nicht über besonders
viel Grips verfügen. Da sie nicht sprechen, sondern lediglich
grunzen oder stammeln können, pflegen sie ihre Streitigkeiten
nicht verbal, sondern mit der stets geschulterten Keule auszu-
tragen.

Sie drohen uns in Werbeanzeigen mit ihren unförmigen
Holzknütteln und Steinbeilen und stellen in Fernsehsketchen
und Videoclips immer wieder aufs neue ihre Tölpelhaftigkeit
und Primitivität unter Beweis. Ihre rohen Gesichter blicken uns
von Zeitschriftencovern und Buchumschlägen an, und ihr Name taucht überall dort auf, wo es um Brutalität und chronische
Unfähigkeit geht. Das ‚Erbe des Neandertalers‘ gilt als Inbe-
griff unserer dunklen und negativen Eigenschaften, wird für
Aggressivität, Kriege und Macho-Mentalität in allen Lebens-
lagen verantwortlich gemacht, und wir etikettieren überholte,
aus der Zeit gefallene Erscheinungen in unserer Gesellschaft
als ‚neandertalerhaft‘. Der Name der Altmenschen ist kurz
gesagt zum beleidigenden Schimpfwort geworden.

Die Medien und die öffentliche Meinung haben sich
dieses wenig schmeichelhafte Bild vom Urmenschen nicht
selbst ausgedacht - es stammt vielmehr ursprünglich aus der
Wissenschaft. Die damals noch junge Urgeschichtsforschung
im späten 19. und frühen 20. Jahrhundert interpretierte in ihrem
Bestreben, die eben erst entdeckte ‚Affenabstammung‘ des
Menschen und den seither erzielten Entwicklungsfortschritt
möglichst augenfällig zu verdeutlichen, die damals bereits bekannten Altmenschenreste übertrieben ‚äffisch‘ und schuf auf

diese Weise ein Zerrbild von unseren evolutionären Urahnen, das eher einer bösartigen oder lächerlichen Karikatur als einer realistischen Darstellung glich. Dieses ‚animalische' Bild vom Urmenschen hat sich trotz aller jüngeren Erkenntnisse und wissenschaftlichen Korrekturen seither im öffentlichen Bewußtsein festgesetzt und lebt bis heute in unseren Köpfen fort. Und in den 1980er und 1990er Jahren hat es sogar wieder einflußreiche wissenschaftliche Fürsprecher gefunden.

Allerorten hört und liest man heute wieder, der Ursprung all unserer Gene und unserer kulturellen Begabung sei eben doch nicht bei den ungeschlachten Neandertalern oder anderen Altmenschen zu suchen, wie man bis in die 1970er Jahre auf der Grundlage der Evolutionstheorie angenommen hatte, sondern ausschließlich bei einer kleinen Gruppe einzigartig intelligenter und fortschrittlicher *Sapiens*-Menschen, die vor rund 200 000 Jahren in Afrika entstand. Einige dieser ersten Vertreter unserer Art seien vor rund 100 000 Jahren aus ihrer afrikanischen Heimat aufgebrochen, um innerhalb weniger Jahrzehntausende die gesamte damals bewohnbare Welt zu besiedeln und zu kolonisieren. Erst mit diesem ‚Exodus aus Afrika' vor 100 000 Jahren habe, so versichern uns einflußreiche Fachleute, die wahre Geburtsstunde der Menschheit - *unsere* Geburtsstunde - geschlagen, und sei der Boden für den modernen menschlichen Geist und Intellekt, unsere heutige Kreativität und Kultur bereitet worden. Alles, was diesem sprichwörtlichen ‚Auszug aus Eden' vorausging, sei hingegen noch ein prähumanes Vorspiel gewesen, das mit dem *„weltweiten Siegeszug des Homo sapiens"*, wie die allgemein gebräuchliche Formulierung lautet, sein unvermeidliches Ende finden mußte.

Dieses ebenso plakative wie rigide Szenario wurde nicht umsonst in seiner Anfangszeit als ‚*Arche-Noah*-Theorie' bezeichnet, denn ebenso wie im biblischen Gleichnis die alte, sündige Menschheit untergehen mußte, um Platz für Gottes auserwähltes Volk zu schaffen, mußten diesem rigorosen Modell zufolge die Neandertaler und alle anderen damals noch existierenden Altmenschenformen unseren überlegenen *Sapiens*-Ahnen weichen, weil sie ihnen geistig und kulturell nicht das Wasser reichen konnten und dem evolutionären Fortschritt daher im Wege standen. Namentlich die Neandertaler wurden auf der Grundlage dieses Szenarios in den 1980er Jahren vollständig aus unserer Vorfahrenreihe gelöscht und galten seither - wie schon einmal zur Zeit ihrer Entdeckung - nurmehr als eine entwicklungsgeschichtliche Sackgasse und als primitives, vorhumanes Gegenbild zum überlegenen, omnipotenten *Homo sapiens*. Aus dem Blickwinkel der neuen Theorie waren sie ganz einfach evolutionäre Bremsklötze und ‚Verlierer‘, die an ihrer eigenen Unfähigkeit und Beschränktheit - und am kreativen Genie unserer frühmodernen Vorfahren - unvermeidlich und vorhersehbar zugrunde gingen.

Was ist dran an diesem Bild, das seit einiger Zeit nicht nur in populären Büchern und Magazinen, sondern auch in Fachzeitschriften und auf wissenschaftlichen Kongressen propagiert und verbreitet wird? Eine klare und vor allem einhellige Antwort auf diese Frage gibt es nicht, denn die Fachwelt selbst ist über das Thema heillos zerstritten, und wer sich arglos zwei verschiedene Bücher darüber kauft, wird rasch irritiert feststellen, daß er bei Autor X die exakt gegenteilige Auskunft erhält wie bei Autor Y. Das ist im Grunde auch nicht weiter verwunderlich, denn sehr viel mehr als ihre Knochenreste und bearbeitete Steine haben uns unsere Urahnen bis vor ca. 50 000 Jahren kaum hinterlassen, und es ist eine ebenso gewaltige wie gewagte Aufgabe, aus diesen spärlichen Überresten die gesamte Entwicklungsgeschichte der Menschheit während der letzten fünf Millionen Jahre rekonstruieren zu wollen.

Die Schädel- und Skelettreste der Früh- und Altmenschen, mit denen sich die *Paläanthropologie* - die Wissenschaft von den ausgestorbenen Menschenformen - beschäftigt, geben zwar einigermaßen klare Auskunft über die körperlichen Merkmale unserer Vorfahren, ihre Gehirngröße und bestimmte biologische Anpassungen wie die Fähigkeit zum aufrechten Gang oder zum differenzierten Gebrauch der Hände. Doch schon bei der Frage nach den genauen Abstammungs- und Verwandtschaftsverhältnissen der verschiedenen Urmenschenformen und ihrer Zuordnung zu bestimmten Spezies schwindet diese Sicherheit rasch dahin, und erst recht vermag kein Paläanthropologe mit Gewißheit zu sagen, was sich hinter den massiven knöchernen Stirnen und den gewaltigen Augenhöhlen der uns so fremdartig anmutenden frühmenschlichen Schädel einst abspielte und zu welchen intellektuellen und kulturellen Leistungen ihre Besitzer in der Lage waren.

Diese Fragen versucht in erster Linie die *urgeschichtliche Archäologie* zu klären, die sich mit den materiellen Hinterlassenschaften unserer ältesten Urahnen, ihren Steingeräten und Nahrungsresten, Lagerplätzen und Feuerstellen befaßt. Die Archäologen befinden sich dabei oftmals in einer ähnlichen Situation wie ein Detektiv, der aus einem Blutfleck, einem Zigarettenstummel und einer Haarnadel den gesamten Hergang eines Verbrechens samt des ihm zugrunde liegenden Motivs in allen Einzelheiten rekonstruieren soll. Man hat die Archäologie deshalb von ihren Aufgabenstellungen und Methoden her zurecht mit der Kriminalistik verglichen, und doch besteht ein grundlegender Unterschied zwischen den beiden. Denn während der Kriminalist bei seinen Nachforschungen Zeugen befragen und Verdächtige verhören kann, deren Aussagen seine Schlußfolgerungen bestätigen oder aber widerlegen, so dass er beim Abschluß eines Falles oft mit Sicherheit weiß, ob seine Mutmaßungen zutreffend waren oder nicht, erfährt der urgeschichtliche Archäologe fast nie, ob er mit seinen Hypothesen und Interpretationen richtig oder falsch lag. Denn die Akteure der Dramen und Ereignisse, mit denen er sich beschäftigt, sind schon seit vielen zehn- oder hunderttausend Jahren tot, und kein Augenzeuge wird ihm jemals Auskunft darüber geben, ob er ihre stummen Hinterlassenschaften korrekt gedeutet hat oder nicht.

Man mag eine solche Konstellation als unbefriedigend oder auch als günstig und bequem, weil freies Spekulieren erlaubend, empfinden - in jedem Fall läßt sie kaum jemals ein eindeutiges Urteil auf der Basis hieb- und stichfester Beweise zu. Möglich sind bestenfalls Plädoyers und Vermutungen auf der Grundlage von Indizien, und die haben ja bekanntlich stets ihre Tücken. Der Triumph der definitiven Bestätigung bleibt dem Urgeschichtsarchäologen deshalb in aller Regel versagt, aber dafür braucht er auch nur selten eine eindeutige Widerlegung zu befürchten.

Aufgrund dieser Sachlage geht es in der Urgeschichtsforschung gewöhnlich weniger um Gewißheiten als vielmehr um Deutungsmöglichkeiten und Wahrscheinlichkeiten, und bleibt hieb- und stichfestes Wissen eher spärlich gesät, während an Hypothesen und Mutmaßungen niemals ein Mangel herrscht. Am größten und verläßlichsten ist der Zuwachs an Daten und Informationen noch auf dem Gebiet der urgeschichtlichen Zeitansätze und der technischen und Verhaltensleistungen der unterschiedlichen Urmenschenformen. Sobald es hingegen um die ‚großen Fragen‘ der Menschwerdung geht, die uns ja eigentlich am meisten interessieren - von wem genau stammen wir ab, wann bildeten sich unser Geist und unsere Kultur heraus und ab welchem Zeitpunkt kann man mit Fug und Recht vom ‚Menschen‘ sprechen? -, erscheint der Wissensfortschritt angesichts der auch heute noch zahllosen Forschungskontroversen und offenen Fragen sehr viel begrenzter.

Wer wirklich Antworten auf die Grundfragen des Menschwerdungsprozesses sucht, der muß sich daher letztlich selbst mit dem Faktenmaterial, seinen unterschiedlichen Interpretationen und den widerstreitenden Forschungspositionen auseinandersetzen, will er sich nicht mit oberflächlichen und plakativen Schein-Gewißheiten abspeisen lassen. Und eine solche Vertiefung in die Wissenschaft von unseren Ursprüngen ist ausgesprochen lehrreich und spannend, läßt sie doch erkennen, wie vielfältig, aber eben oft auch vieldeutig das aus der Urgeschichte auf uns gekommene Fundmaterial ist und auf welch außerordentlich dünnen und brüchigen Fundamenten die in der Regel so selbstbewußt präsentierten urgeschichtlichen Theorien vielfach beruhen. Bei näherem Hinsehen wird rasch deutlich, in welch hohem Maße sie häufig von zeitbedingten oder sogar rein subjektiven Vorlieben und Abneigungen abhängen, und fast überall stößt man auf Voreingenommenheiten, Vorurteile und weltanschauliche Glaubenssätze - kurz gesagt auf Ideologie, Ideologie und nochmals Ideologie.

"In den Werken, die sich mit dem Menschen der Vorzeit befassen", schrieb 1964 der französische Anthropologe und Höhlenkunstforscher André Leroi-Gourhan über die urgeschichtlichen Kultgebräuche,

"wechselt dessen religiöse Persönlichkeit ganz nach den Vorstellungen der jeweiligen Autoren: Bald ist er blutdürstiger Magier oder frommer Sammler von Schädeln seiner Vorfahren, bald ekstatischer Tänzer oder illusionsloser Philosoph. Sein Verhalten wäre besser nicht an den Tatsachen zu studieren, die (...) zuweilen sehr spärlich sind, sondern an den Biographien der Prähistoriker."

Diese Feststellung gilt keineswegs nur im Hinblick auf die urgeschichtliche Religion, sondern ebenso auch auf die meisten anderen Gebiete der Urgeschichtsforschung. Unser Bild vom frühen Menschen, seinem Denken und Handeln gleiche deshalb, so Leroi-Gourhan weiter,

„einem Riesen mit tönernem Kopf: Je weiter man sich vom Boden entfernt und dem Gehirn nähert, desto zerbrechlicher wird er. Seine Füße, die von geologischen, botanischen oder zoologischen Zeugnissen gebildet werden, sind noch recht fest; doch schon die Hände werden brüchiger, denn die Erforschung der prähistorischen Techniken beruht zu einem großen Teil auf Vermutungen. Der Kopf aber zerbröselt bei der geringsten Berührung, und oft hat man sich damit begnügt, das Denken jenes kopflosen Riesen durch das Denken der Prähistoriker zu ersetzen." (4)

Es habe manchmal den Anschein, so bemerkte 1991 mit ähnlichem Tenor der amerikanische Archäologe Robert H. Gargett in Bezug auf die Neandertaler, *„dass wir - je mehr wir über diese Altmenschen nachdenken -, umso weniger über sie wissen"*. Er sehe diesen Sachverhalt indes *„nicht als eine negative Tatsache"*, so Gargett, denn

„die Ideen verändern sich, neue Beobachtungen werden gemacht, und während die Forschung in der Vergangenheit stets nach ‚Fakten‘ und ‚gesicherten Wahrheiten‘ strebte, wird es zunehmend klarer, dass das Beste, was wir uns tatsächlich erhoffen können, empirisch stimmige Erklärungen für die Daten sind, die uns die archäologische Forschung liefert".

„Eine Wissenschaft, die so stark auf Schlußfolgerungen aus einer oft sehr fragmentierten Überlieferung beruht, wird naturgemäß zur Schaffung von Mythen neigen", so Gargetts Fazit. (5)

Diese Ideologieanfälligkeit der Urgeschichtsforschung und ihre Tendenz zur Mythenbildung hängt einerseits, wie Leroi-Gourhan und Gargett zu recht betonen, mit der Bruchstückhaftigkeit und Vieldeutigkeit der archäologischen Quellen zusammen, andererseits aber gewiß auch mit der Schlüsselrolle der Urmenschenforschung für unser Selbstverständnis. An der Schnittstelle zwischen biologischer und kultureller Evolution gelegen und mit den Problemen der Grenzziehung und des Übergangs zwischen Tier und Mensch befaßt, ersetzt diese Disziplin im wissenschaftlichen Zeitalter in einem gewissen Maß die früher weltweit verbreiteten Ursprungsmythen der Völker und erfüllt damit eine hochgradig identitätsstiftende Funktion. Die Versuchung ist daher groß, ja im Grunde fast unvermeidlich, unsere eigene Weltsicht in diese frühe Vergangenheit hineinzuprojizieren und sie als Spiegelbild unserer eigenen Empfindungen, Ängste und Ideale zu benutzen. *Nosce te ipsum* (lat. ‚Erkenne Dich selbst‘) stand deshalb früher oft über Werken zur menschlichen Entwicklungsgeschichte, und in diesem Leitsatz kommt die erwähnte Spiegelbildfunktion der Disziplin vorzüglich zum Ausdruck.

Die heutige Generation nüchtern denkender und naturwissenschaftlich geschulter Urmenschenforscher hält sich viel darauf zugute, nicht mehr so vorschnell zu urteilen und ‚aus dem Bauch heraus‘ zu interpretieren, wie es früher teilweise üblich war, und in der Tat haben die heutigen Urgeschichtsexperten manche frühere Lehrmeinung überzeugend als Forschungsmythos entlarvt und das wissenschaftliche Instrumentarium entscheidend weiterentwickelt und verbessert. Sie stellen heute sehr viel detailliertere Fragen an das archäologische Material und unterziehen es einer wesentlich exakteren wissenschaftlichen Überprüfung als in der älteren Forschung üblich. Das ist ein nicht zu unterschätzender Fortschritt, und doch führen richtige Fragen nicht immer auch zu richtigen Antworten, und kann der Sturz alter Mythen nur allzu leicht mit der Schaffung neuer verbunden sein.

Es ist vor diesem Hintergrund ein je nach Sichtweise tragischer oder aber grotesker Umstand, daß ausgerechnet jene Wissenschaftlergeneration, die in den 1980er Jahren mit dem erklärten Ziel aufbrach, die Urmenschenforschung vom Ballast aller mythischen Konstrukte und phantastischen Spekulationen zu befreien, mit der Theorie vom weltweiten Vernichtungsfeldzug des *Homo sapiens* selbst einen Mythos geschaffen hat, der alle früheren an Anspruch und Anmaßung noch erheblich übertrifft - einen ‚Mega-Mythos' sozusagen, der alle Fragen unseres Ursprungs auf einen Streich und durch ein einziges Erklärungsmuster zu beantworten verspricht. Das eine entscheidende Grundelement dieses Mythos ist das Motiv vom triumphalen Auszug unserer frühmodernen Vorfahren aus Afrika und ihrer schnellen und einzigartig erfolgreichen Kolonisierung der ganzen Welt. Das andere ist das Postulat vom noch sehr jungen Ursprung unseres Intellekts und der charakteristisch menschlichen Kultur - die Hypothese vom jungpaläolithischen *Big bang*.

Die *Out of Africa*-Theorie trat in den 1980er Jahren betont modern und mit dem Anspruch auf naturwissenschaftliche Exaktheit auf den Plan. Sie beruhte maßgeblich auf Resultaten der Genetik, der heute ja bekanntlich fast alles zugetraut wird, und auf computergestützten Datenauswertungen und Analysen, die den Nimbus von *High-Tech* und unvoreingenommener naturwissenschaftlicher Objektivität noch zusätzlich verstärkten. In der Öffentlichkeit und in den Medien wurde sie überdies sehr geschickt als weltoffene und emanzipatorische Theorie präsentiert, die lange zu Unrecht gehegte Klischees und Vorurteile zu überwinden helfe. Erstmals fungierte hier eine ‚Eva' anstelle des zuvor obligatorischen ‚Adam' als Ursprung der gesamten Menschheit, und obwohl dieser Umstand zunächst rein methodische Gründe hatte - nämlich die Weitergabe des anfänglich zuerst ausgewerteten Erbguts der sog. *Mitochondrien-DNA* ausschließlich über die mütterliche Linie - (6) verlieh er der Theorie doch von vorn herein auch einen sehr zeitgemäßen, ja fast ‚feministischen' Touch. Dass diese ‚Eva' offenkundig schwarz gewesen war und aus Afrika stammte - einem Kontinent, der sonst meist nur im Zusammenhang mit Hungersnöten, Dürren und anderen Katastrophen in den Schlagzeilen der Weltpresse auftauchte, 1985 aber durch die *Live Aid*-Kampagne und andere internationale Hilfsprojekte in den Fokus des öffentlichen Interesses gerückt worden war, unterstrich noch dieses Flair von Weltoffenheit, Vorurteilsfreiheit und Modernität.

Vor allem aber galt und gilt die ‚Eva'-Theorie als ein wichtiger Beitrag zur Überwindung von Ethnozentrismus und Rassenvorurteilen. Da wir alle aus einer noch vergleichsweise jungen gemeinsamen Wurzel stammen und trotz unserer unterschiedlichen Hautfarbe und unserer sonstigen Besonderheiten sämtlich ‚genetische Afrikaner' sind, bleibe für Rassendiskriminierungen kein Raum mehr - so wurde und wird argumentiert. (7) Die Feststellung, dass ‚alle Menschen Brüder' (bzw. Schwestern) sind, sei daher durch diese Theorie nun auch wissenschaftlich hieb- und stichfest bewiesen. Ein 1994 erschienenes Buch des italienisch-amerikanischen Genetikers und *Out of Africa*-Pioniers Luca Cavalli-Sforza trug dementsprechend in seiner deutschen Ausgabe den programmatischen Untertitel *„Ein Genetiker entzieht dem Rassismus die Grundlage"*, (8) und in zahllosen Zeitungen und Zeitschriften wurden Artikel über die ‚Eva'-Theorie mit Bildcollagen von Menschen unterschiedlicher Hautfarbe und ethnischer Zugehörigkeit illustriert, um die neu untermauerte Einheit der Menschheit auch optisch zu verdeutlichen.

Diese anti-rassistische Botschaft der ‚Eva'-Theorie ist ganz ohne Zweifel äußerst wichtig und zielt in eine positive, aller Unterstützung werte Richtung. Und doch beruht die Annahme, eine antirassistische Sicht der Menschheitsevolution sei erst durch sie möglich geworden und auf anderer Grundlage undenkbar, bei genauerem Hinsehen auf einem Irrtum. Denn soll die Gleichwertigkeit aller Völker und Ethnien und damit die Einheit der Menschheit wirklich von der Frage abhängig gemacht werden, ob wir uns erst vor wenigen Jahrzehntausenden voneinander ‚trennten' und eine bis in den Promillebereich identische Genausstattung besitzen - ob also, wie man früher in unverblümt ‚völkischer' Manier gesagt hätte, *„das gleiche Blut in unseren Adern fließt"*? Oder ist es nicht vielmehr gerade dieses Denken in Kategorien abstammungsmäßiger ‚Nähe' und ‚Ferne' und die damit verbundene Annahme ‚reiner', unvermischter Entwicklungslinien, die den Rassismus historisch erst begründet und entscheidend befördert hat?

Wären wirklich rassistische Schlußfolgerungen unausweichlich, wenn unsere letzte gemeinsame mitochondriale Vorfahrin nicht in einer afrikanischen *Homo-sapiens*-Gemeinschaft vor 200 000 Jahren gelebt hätte, wie es die ‚Eva'-Theorie besagt, sondern in einer jener älteren afrikanischen Frühmenschengruppen, deren Mitglieder zum Teil schon vor über einer Million Jahren ihre Heimat verließen, um weite Teile Eurasiens zu besiedeln und dort die verschiedensten regionalen Urmenschenarten wie den *Homo heidelbergensis* und die frühen Neandertaler zu begründen? Entspräche ein etwas komplexeres und weniger monozentrisches Modell der Menschheitsentwicklung, das unter Annahme regelmäßiger überregionaler Kontakte und eines steten Genaustauschs zwischen den verschiedenen regionalen Altmenschengruppen auch den paläolithischen Bevölkerungen Eurasiens einen Anteil an der Herausbildung und Formung der frühmodernen Menschheit einräumt, nicht viel eher unseren heutigen Vorstellungen von ethnischem Gleichgewicht und Austausch? (9) Böte es den Anhängern einer multikulturellen und multiethnischen Weltsicht nicht ein sehr viel ansprenderes und adäquateres Modell als das Szenario einer ultra-expansiven und aggressiven Menschengruppe - sei sie nun schwarz, weiß oder welcher Hautfarbe auch immer -, die sich die ganze Welt im Triumphzug unterwarf und dabei wie eine Dampfwalze alle anderen urmenschlichen Bevölkerungen niedermachte, die ihr in den verschiedenen Erdregionen begegneten?

In der Tat ist genau diese in den 1980er Jahren entwickelte Vorstellung einer im wörtlichen Sinne kompletten und restlosen Auslöschung aller anderen Menschenformen durch den frühmodernen *Homo sapiens* der eigentliche Knackpunkt und ‚Pferdefuß' des *Out of Africa*-Verdrängungsszenarios. Denn hätte diese Auslöschung tatsächlich so stattgefunden, wie viele *Out of Africa*-Verfechter dies annehmen, dann hätte sie die versuchte Ausrottung der Indianer und der australischen Aborigines durch die Europäer im 18. und 19. Jahrhundert, die trotz aller Brutalität und technologischen Überlegenheit ja nur zum Teil gelang, an Aggressivität und Durchschlagskraft noch erheblich übertroffen. Durch dieses extreme Auslöschungsszenario hat die ursprünglich sehr viel gemäßigter konzipierte *Out of Africa*-Theorie einen zutiefst expansiven und aggressiven, ja geradezu ‚imperialistischen' Beigeschmack erhalten, der nicht einmal das böse Wort vom *„urgeschichtlichen Genozid"* gänzlich abwegig erscheinen läßt. (10) Und die Mutmaßungen und Spekulationen, die viele Anhänger der Verdrängungstheorie im Hinblick auf die möglichen Gründe für die vermutete Auslöschung der eurasischen Altmenschenformen ins Feld führen, tragen gleichfalls nicht gerade zur Abmilderung dieser dunklen und aggressiven Seite der *Out of Africa-Theorie* bei.

Denn ebenso wie die weißen Eroberer und Kolonisten der Neuzeit ihren Triumph über die Ureinwohner Amerikas und Australiens ihrer vermeintlichen ‚rassischen Überlegenheit' zuschrieben, führen auch viele heutige Urgeschichtsforscher den angenommenen ‚Siegeszug' der frühmodernen Afrikaner auf deren besondere ‚artspezifische' Merkmale und ihre angeblich erdrückende intellektuelle und geistige Überlegenheit zurück. Und ähnlich wie die brutale Unterwerfungspolitik des 18. und 19. Jahrhunderts mit der Behauptung gerechtfertigt wurde, die Indianer und Aborigines seien ja noch gar keine wirklich vollwertigen Menschen, sondern halbtierische ‚Wilde', (11) verharmlosen heute Manche auch die vermutete Auslöschung der eurasischen Urmenschen durch den Hinweis auf ihre angebliche ‚Vormenschlichkeit' und geistig-kulturelle Rückständigkeit. Der evolutionäre Erfolg des *Homo sapiens* - und damit unser Erfolg - war aus diesem Blickwinkel naturgeschichtlich gleichsam vorgezeichnet und ‚folgerichtig', weil sich in der Evolution - so die gängige Annahme - eben stets der Stärkere und Leistungsfähigere durchsetzt.

Dieses prinzipielle Überlegenheitsszenario war ursprünglich ebenso wenig Bestandteil der *Out of Africa*-Theorie, wie die Paläanthropologen sie auf der Basis der fossilen Knochenfunde entworfen hatten, wie das Konzept von der vollständigen Verdrängung aller archaischen Menschenformen durch unsere frühmodernen Vorfahren. Es gab in Europa und Asien nämlich viel zu viele altmenschliche Skelettreste mit nur schwer einzuordnenden und mosaikartigen Merkmalen, als dass sich ein solch rigoroses Verdrängungsmodell auf der Basis der Knochenfunde hätte begründen und eine Vermischung zwischen den verschiedenen Altmenschenformen ausschließen lassen. Ins Spiel gebracht und mit Nachdruck durchgesetzt wurde das extreme Auslöschungsmodell vielmehr seit den späten 1980er Jahren von den Molekularbiologen, die auf die absolute Exaktheit und Unanfechtbarkeit ihrer Daten pochten und die im Gegensatz zu ihnen sehr viel vorsichtiger und hypothetischer argumentierenden Paläanthropologen dadurch beträchtlich unter Druck setzten. Die Mehrheit der Fossilforscher gab diesem vermeintlichen Druck des Faktischen im Laufe der Zeit mehr oder minder überzeugt nach und übernahm schrittweise das von den Genetikern propagierte Auslöschungsmodell, ohne den im wahrsten Sinne des Wortes ‚unglaublichen' Erfolg der frühmodernen Afrikaner auch nur halbwegs plausibel und schlüssig erklären zu können.

Denn wie sollte diesen altsteinzeitlichen Menschen vor 40 000 Jahren mit ihren vergleichsweise bescheidenen Mitteln gelungen sein, was den Europäern der Neuzeit trotz ihrer Handfeuerwaffen, Eisenbahnen und der verheerenden Wirkung des Alkohols auf die Widerstandskraft der amerikanischen und australischen Ureinwohner mißlang und was auch sonst kein noch so mächtiges und aggressives Eroberervolk der Menschheitsgeschichte je zustande brachte: Sich auf der ganzen bewohnbaren Erdoberfläche als die einzige überlebende Bevölkerung durchzusetzen und alle anderen Menschengruppen restlos und ohne Ausnahme von der Bildfläche zu verdrängen - ein im wahrsten Sinne des Wortes ‚unglaublicher' evolutionärer Erfolg!

Dieses Problem wurde an die Urgeschichtsarchäologen weitergereicht und gab dort jenen Forschern ungeheuren Auftrieb, die schon zuvor eher eine Kluft als einen kontinuierlichen Übergang zwischen der Kulturperiode des frühmodernen *Homo sapiens* - dem Jungpaläolithikum - und den vorangegangenen Kulturepochen des Neandertalers, *Homo erectus* und *Homo heidelbergensis* - dem Mittel- und Altpaläolithikum - gesehen hatten. Diese Forscher nahmen die nun scheinbar zweifelsfrei nachgewiesene ‚Nichtkontinuität' in der biologischen und genetischen Entwicklung der Altmenschen Eurasiens zum Anlaß, auch in der kulturellen Evolution einen entsprechenden Bruch zu proklamieren, wobei alle anspruchsvollen und fortschrittlichen Elemente ausschließlich den afrikanischen Einwanderern, alle nach Stagnation und Rückständigkeit aussehenden Erscheinungen hingegen den eurasischen Urmenschen zugeschrieben wurden.

Die vermeintlich erdrückende geistige und kulturelle Überlegenheit unserer *Sapiens*-Vorfahren wurde also im Rahmen des *Out of Africa*-Auslöschungsmodells noch stärker betont als teilweise schon zuvor, und im Gegenzug interpretierte man die Fähigkeiten und Leistungen der vormodernen Menschenformen immer weiter herunter - selbst dort, wo sie offensichtlich waren, wie beispielsweise bei der Werkzeugherstellung oder der Jagd. Das auf diese Weise entstandene Zerrbild erweckte längst überwunden geglaubte Vorurteile und Klischees wieder zum Leben und präsentierte unsere älteren Vorfahren fast schon wieder als jene geistig umnachteten und kulturlosen Halbtiere, die man in der Frühzeit der Forschung in ihnen gesehen hatte - Kritiker sprachen daher völlig zurecht von einem ‚Großen Sprung zurück‘.

Die ‚*Big bang*‘- und die *Out of Africa*-Theorie stützten und ergänzten sich auf diese Weise gegenseitig, bis sie fast untrennbar miteinander verschmolzen waren. Das ‚*Big bang*‘-Modell bot mit dem Motiv von der einzigartigen Kulturbegabtheit und Überlegenheit des frühmodernen *Homo sapiens* eine auf den ersten Blick einleuchtende Erklärung für den geradezu ‚unglaublichen‘ Erfolg der afrikanischen Kolonisten, und die *Out of Africa*-Theorie lieferte mit dem Ausbreitungs- und Verdrängungsszenario den scheinbaren Beweis für die Realität und Durchschlagskraft dieser Überlegenheit. Beide Theorien zusammen ließen das vermeintlich Geschehene als geradezu vorgezeichnet und unvermeidlich erscheinen: Der Neandertaler und die anderen archaischen Menschenformen mußten unseren frühmodernen Ahnen mit fast naturgesetzlicher Notwendigkeit weichen, weil sie ihnen intellektuell und kulturell hoffnungslos unterlegen waren - ihre eigene Rückständigkeit und ihr mangelndes Wandlungsvermögen machten sie zu evolutionären ‚Verlierern‘ und ‚toten Ästen‘ an unserem Entwicklungsstammbaum. Aus einem vermuteten evolutionären Ereignis vor 40 000 Jahren wurde so ein exemplarischer Vorgang, eine Art Lehrstück für unsere Zeit: Wer dem Fortschritt im Weg steht und sich nicht weiterentwickelt, nicht *„fit für die Zukunft"* ist - so lautete die Botschaft -, der verspielt seine Existenzgrundlage und ist unvermeidlich dem Untergang geweiht. *„Wer zu spät kommt, den bestraft das Leben"* - solche trendigen Zeitgeist- und Machoweisheiten aus unseren Tagen schienen in diesem urgeschichtlichen Ereignis ihre exemplarische Bestätigung zu finden.

Dabei könnte ja im Prinzip auch alles ganz anders gewesen sein, denn die Evolution hat nur selten die innere Folgerichtigkeit und Logik, die ihr hier unterstellt wird - sie ist vielmehr über weite Strecken durch puren Zufall bestimmt. Die berühmten Dinosaurier etwa starben nicht deshalb vor 66 Millionen Jahren plötzlich aus, weil sie zu plump waren - *„zu viel Panzer und zu wenig Hirn"* besaßen, wie ein beliebtes Bonmot besagt, sondern weil um diese Zeit ein riesiger Meteorit auf der Erde einschlug und so viel Staub und Ruß in die Atmosphäre schleuderte, daß die Pflanzenwelt, auf die diese Urzeitgiganten mehr als alle anderen Tiere als Nahrungsquelle angewiesen waren, in einem jahrhundertelangen ‚nuklearen Winter' erstarb. Über die Hälfte aller damaligen Tierarten sollen Schätzungen zufolge in dieser Naturkatastrophe zugrunde gegangen sein.

Keineswegs Fähigkeit und Leistung allein entscheiden also über evolutionären Erfolg oder Nichterfolg, wie uns das eine moralisierende Weltsicht seit langem suggeriert, sondern mindestens ebenso sehr auch Glück oder Unglück, Umweltveränderungen und andere unwägbare Naturereignisse. Sollte die Geschichte von der vollständigen Auslöschung der Neandertaler und ihrer Gene also wirklich zutreffen - worüber wie erwähnt das letzte Wort noch nicht gesprochen ist -, (12) dann folgt daraus keineswegs zwangsläufig, dass diese Altmenschen ihren frühmodernen Zeitgenossen im Hinblick auf Leistungsvermögen und kulturelle Anpassungsfähigkeit grundsätzlich unterlegen waren. Sie könnten ihnen durchaus auch ebenbürtig gewesen sein und dennoch durch einen evolutionären Zufall oder eine für sie negative Umweltveränderung im Überlebenskampf letztlich den kürzeren gezogen haben.

Möglicherweise waren sie zu lange dem ‚evolutionären Stress‘ der letzten Eiszeit ausgesetzt, deren Klima sie viele zehntausend Jahre lang erfolgreich trotzten, und vielleicht wurde auch der überaus stämmige und muskulöse Körperbau, den sie zum Schutz gegen die Kälte entwickelt hatten, in etwas milderen Klimaphasen zu einem Handicap für sie - besonders in der Konkurrenz mit Zeitgenossen, die deutlich graziler und leichter gebaut waren. Dieser massige Neandertalerkörper benötigte nämlich sehr viel mehr an Energie als der unter warmen Klimaverhältnissen entstandene schlankere Körper der frühmodernen Afrikaner, und so könnte es den ‚Ureuropäern‘ in einer Umwelt, die nun plötzlich zwei menschliche Bevölkerungen statt nur einer ernähren mußte, immer schwerer gefallen sein, die für sie notwendige Kalorienzufuhr zu sichern. Bei gleichem Leistungsvermögen und demselben Nahrungsaufkommen wären sie daher ausgestorben, während die afrikanischen Einwanderer überlebten. Es hätte sich also in der Tat um ein evolutionäres ‚Auskonkurrieren‘ gehandelt, allerdings um eines, das sehr viel mit Umweltveränderungen und körperlichen Sonderanpassungen zu tun hatte und nur wenig mit mangelnden geistigen oder kulturellen Fähigkeiten, die von den Vertretern der Verdrängungstheorie so stark in den Vordergrund gestellt werden.

Ein solches Modell würde das Verschwinden der Neandertaler oder aber ihr Aufgehen in der modernen Menschheit ebenso plausibel erklären wie die gängigen Hypothesen über ihre Rückständigkeit und Unterlegenheit gegenüber dem frühmodernen *Homo sapiens*. Für unser Ego sind letztere indes sehr viel schmeichelhafter und sympathischer, bestätigen sie uns doch in dem, was wir schon immer wußten und nur eine Zeitlang nicht so offen auszusprechen wagten: Dass wir in der Entwicklungsgeschichte der Natur eben doch einzigartig und unerreicht sind, dass kein anderes Wesen uns je das Wasser reichen konnte und dass auch unsere älteren Vorfahren lediglich plumpe und deshalb letztlich gescheiterte Entwürfe unserer selbst waren.

Der einzigartig schöpferische und geniale Mensch betrat nach der Theorie vom ‚geistigen Urknall‘ eben doch erst in Gestalt des modernen *Homo sapiens* die Weltenbühne, und damit ist zugleich auch auf sehr elegante Weise das Problem unserer nach wie vor etwas unangenehmen und unheimlichen ‚Affenabstammung‘ aus der Welt geschafft, die der Wissenschaft und der Öffentlichkeit schon seit den Anfängen des Darwinismus so sehr zu schaffen macht. Vielen heutigen Forschern gelten die vormodernen Menschenformen nämlich nur noch im Hinblick auf die physische Entwicklung und den Körperbau als unsere Urahnen - die Herausbildung unserer geistigen, psychischen und kulturellen Eigenschaften und damit gerade jener Merkmale, die uns nach eigenem Verständnis erst zu Menschen machen, wird hingegen immer öfter vom übrigen Evolutionsverlauf abgekoppelt und als ein sehr viel jüngeres, punktuelles Ereignis betrachtet. Sie vollzog sich nach Ansicht der betreffenden Wissenschaftler nicht als ein schrittweiser, mit der körperlichen Entwicklung und dem beständigen Gehirnwachstum der Urmenschen Hand in Hand gehender Prozeß, wie man auf der Grundlage der Evolutionstheorie lange ganz selbstverständlich angenommen hatte, sondern ereignete sich dem *‚Big bang‘*-Szenario zufolge erst bemerkenswert spät und ganz plötzlich vor 50 000 oder 100 000 Jahren.

Auffallend oft sind hochangesehene Archäologen und Kulturforscher, ja selbst normalerweise eher nüchtern denkende Naturwissenschaftler in den letzten Jahren bereit, den von ihnen vermuteten ‚kreativen Urknall‘ beim *Homo sapiens* auf plötzliche, unvermittelte Zufallsmutationen, die spontane Herausbildung einzelner ‚Kreativitätsgene‘ und dergleichen mehr zurückzuführen, während in den doch schon auffallend großen Gehirnen der Früh- und Altmenschen nach ihrer Auffassung noch tiefstes Dunkel und höchsten tierhaftes Bewußtsein geherrscht haben soll. Besonders oft begegnet man dieser Ansicht befremdlicherweise im Hinblick auf eine unserer komplexesten evolutionären Errungenschaften, nämlich die menschliche Sprache. (13)

In einer solchen Betrachtungsweise ist das evolutionäre Prinzip in gewisser Weise wieder aufgehoben und an seiner Stelle ganz still und heimlich der Kreationismus, der Schöpfungsglaube, wieder auferstanden - auch wenn in der Regel kein personaler Gott oder Schöpfer angenommen wird, sondern ein wundersames Wirken ebenso phantastischer wie obskurer

Gene und Mutationen. Der moderne Mensch erscheint aus dieser Perspektive zumindest in intellektueller Hinsicht nicht mehr als das Endprodukt einer Jahrmillionen während evolutionären Entwicklung, sondern als eine Art geistiger *deus ex machina* - als ein Geschöpf, das im Hinblick auf Verhalten und Intellekt keine Vorläufer und keine vorbereitende und allmählich fortschreitende Entwicklung kennt. Gewissermaßen aus dem geistigem Dunkel und dem kulturellen Nichts sollen wir vor gerade einmal 50 000 bis 100 000 Jahren ganz plötzlich und abrupt als Kultur- und Verstandeswesen entstanden sein. Zumindest im Hinblick auf unsere psychokulturellen Merkmale ist damit der Darwinismus und das evolutionäre Prinzip weitgehend außer Kraft gesetzt - das dürfte zwar keineswegs in der Absicht aller Anhänger der „*Big Bang*"-Theorie liegen, doch genau darauf läuft sie letztlich hinaus.

Eine solche Auffassung wird indes keineswegs den archäologischen Funden und Zeugnissen gerecht, denn wenn man unter realistischen Voraussetzungen an das Material herangeht und nicht erwartet, daß 400 000 Jahre alte Relikte das einstige Leben in gleicher Fülle und Frische wiederspiegeln wie 10 000 oder 40 000 Jahre alte, dann begegnet man den ältesten Belegen von Kreativität, Kultur und ästhetischem Empfinden schon im Alt- und Mittelpaläolithikum - bei den heute oft so herablassend behandelten und gering geschätzten Früh- und Altmenschen. Diese tiefsten und ältesten Quellen unseres Intellekts und unserer Kultur liegen zwar nicht so offen zutage und nehmen sich vielleicht auch nicht ganz so eindrucksvoll aus wie der mächtige geistige und kulturelle Strom, der im Jungpaläolithikum in Gestalt von Höhlenmalereien und geschnitzten Elfenbeinfigürchen, Knochenflöten und aufwendigem Körperschmuck aus ihnen hervorbrach - doch wer sie sucht und bereit ist, dabei auch etwas genauer hinzuschauen, der findet sie bereits vor 100 000 oder 500 000 Jahren in Form mineralischer Farbstoffe, sorgfältig gefertigter leistungsfähiger Jagdwaffen und ästhetisch ansprechend geformter Faustkeile und anderer Steinwerkzeuge.

Diese frühesten Zeugnisse urmenschlicher Technik, Kultur und Ästhetik bildeten die feste und unabdingbare

Grundlage, auf der der frühmoderne *Homo sapiens* vor 40 000 Jahren die jungpaläolithische Kultur hervorbringen konnte, die den Menschen zum ersten Mal vollständig und uneingeschränkt auf der Höhe seiner heutigen schöpferischen und geistigen Fähigkeiten zeigt. Unsere frühmodernen Ahnen schufen in dieser letzten großen Kulturperiode des Eiszeitalters fraglos Einzigartiges und niemals zuvor Dagewesenes und erklommen auf diese Weise eine neue geistige und kulturelle Entwicklungsstufe - doch sie vermochten dies nur, weil sie dabei auf den Schultern ihrer älteren, vormodernen Vorfahren standen, die zu ihrer Zeit und auf ihre Weise nicht minder bedeutende kulturelle Pioniere und Wegbereiter waren.

Aktuelle Nachbemerkung

Das extreme und undifferenzierte Auslöschungsszenario, das ich vor zwanzig Jahren in diesem Text so vehement kritisierte, spielt heute in der paläanthropologischen Diskussion keine vergleichbar große Rolle mehr wie damals und wurde mittlerweile durch deutlich gemäßigtere und offenere Entwicklungsmodelle ersetzt, die auch wiederholte Vermischungen und einen steten Genfluß zwischen den verschiedenen paläolithischen Menschenformen als Entwicklungsfaktor mit einbeziehen.

Ausschlaggebend für dieses Umdenken waren nicht so sehr die Forschungsergebnisse der Paläanthropologen und Archäologen, die ja schon seit jeher eine eher gemäßigte Deutung unserer Entwicklungsgeschichte nahelegten, als vielmehr die in Anm.3 umrissenen aktuellen Erkenntnisse der Evolutionsgenetiker selbst. Die von ihnen seit 2010 im Erbgut der heutigen Europäer und Asiaten entdeckten Neandertalergene und anderen Hinweise auf Kreuzungen und Vermischungen zwischen den unterschiedlichen regionalen Urmenschenformen haben zwar nicht die *Out of Africa*-Theorie als solche in Frage gestellt, wohl aber das im vorliegenden Text vor allem kritisierte rigorose Auslöschungsmodell mit seinen vermeintlich weltweit komplett unvermischten afrikanischen Entwicklungslinien. An die Stelle dieses extremen Verdrängungsszenarios der 1980er und 1990er Jahre ist im neuen Jahrtausend daher erfreulicherweise ein sehr viel differenzierteres und gemäßigteres Evolutionsmodell getreten, in das stillschweigend auch Elemente der früher in Bausch und Bogen abgelehnten und heftig bekämpften ‚multiregionalen Evolutionstheorie' Eingang gefunden haben. (14)

Ich sehe diese Entwicklung als ein ausgesprochen positives und ermutigendes Zeichen, zeigt sie doch, dass sich hieb- und stichfest ermittelte Fakten in der heutigen Urgeschichtsforschung auch dann durchsetzen und in die bestehenden Theorien eingearbeitet werden, wenn sie den Vorerwartungen und bis dahin vertretenen Modellen im Grunde eher widersprechen. Eine solche Bereitschaft zur Überprüfung und Korrektur auch grundsätzlicher Positionen und Überzeugungen ist in meinen Augen der entscheidende Lackmustest für gute und zukunftsweisende Wissenschaft, und die aktuelle Urmenschenforschung hat ihn mit Bravour bestanden.

Epitaph für den Neandertaler

(2005 erstmals veröffentlicht – siehe die Editorische Notiz im Anhang)

Die 1980er und 1990er Jahre waren keine gute Zeit für den Neandertaler gewesen. Man hatte ihm in diesen Jahrzehnten immer wieder die Fähigkeit zum langfristigen Denken und Handeln abgesprochen, von dem doch sein tägliches Überleben abhing, hatte die Steinwerkzeuge, mit denen er Jahrzehntausende lang seine Alltagsarbeiten verrichtete, als unzureichend kritisiert und ihn als eine Art stammelndes Halbtier abgetan. Zu guter letzt war er auch noch unter den spöttischen Kommentaren halbkundiger Journalisten unehrenhaft aus dem menschlichen Entwicklungsstammbaum verstoßen worden. *„Nicht fit für die Zukunft"* sollte er gewesen sein und bekam in hämischen Zeitungskommentaren das Gorbatschow-Wort *„wer zu spät kommt, den bestraft das Leben"* hinterhergerufen. Es war ein ziemlich unschönes wissenschaftliches *Roll-back* nach all der überschäumenden Urmenschenbegeisterung der 1960er und 1970er Jahre.

Doch der Neandertaler hatte nicht nur in den Kältesteppen der letzten Eiszeit, sondern auch in 150 Jahren Forschungsgeschichte immer wieder gezeigt, dass er ein zäher Bursche mit großem Durchhaltevermögen war. Nach der Rückkehr der deutschen Urgeschichtsforschung ins Neandertal, der Eröffnung des neuen Museums dort und erfolgreichen Neugrabungen an der alten Fundstätte war er pünktlich zur Jahrtausendwende plötzlich wieder da und lieferte ein grandioses Comeback. Innerhalb von nicht einmal zwei Jahren avancierte er in den Feuilletons und Wissenschaftsmagazinen vom entwicklungsgeschichtlichen Bremsklotz und Verlierer zum *„Helden der Steinzeit"* und wurde in Fernsehdiskussionen als *„Popstar des Jahres 2000"* gefeiert. (6) Man entdeckte in ihm nun plötzlich einen umsichtigen und geschickten Jäger, einen Schmuckstücke herstellenden und ästhetisch empfindenden Schöngeist und nicht zuletzt auch einen einzigartigen und begnadeten Überlebenskünstler. *„Imageberater wären begeistert"*, staunte ein Journalist 1999 über diesen bemerkenswerten Wandlungsprozeß, (7) zu dem nur die nach wie vor aufrecht erhaltene Behauptung nicht so recht zu passen schien, dass dieses offenkundig schon so humane Kulturwesen biologisch noch kein echter Mensch gewesen sei und genetisch nicht zu unseren Vorfahren gezählt habe.

Doch was diese Frage betrifft, gilt es vielleicht einfach in Ruhe abzuwarten. Wie die Forschungsgeschichte lehrt, vollzogen die Auffassungen über diesen Altmenschen in der Vergangenheit regelmäßig alle zwanzig bis dreißig Jahre eine Kehrtwendung. Auch was wir heute über ihn zu wissen glauben, wird in einigen Jahren nur noch Forschungsgeschichte sein, und vielleicht wird der Neandertaler ja bis dahin auch wieder als Menschheitsvorfahr auf den Schild gehoben.

Den Alten aus dem Neandertal und seine Artgenossen braucht all dies indessen nicht mehr umzutreiben. Wer so viele kalte und harte Jahrzehntausende erfolgreich durchgestanden hat, der ruht in Frieden und läßt sich auch von dem lauten und aufgeregten Herumgeschnatter der ein wenig bequem gewordenen und allzu sehr auf sich selbst fixierten Nachgeborenen nicht in seiner Ruhe stören. Wahrscheinlich würde der Neandertaler, wenn er noch einmal für einen Augenblick zum Leben erwachte, amüsiert unsere wissenschaftlichen Bemühungen um ihn zur Kenntnis nehmen und nachsichtig über ihre eher bescheidenen Resultate lächeln, bevor er wieder in seinen tiefen, niemals endenden Schlaf versünke - den wohlverdienten Schlaf des müde und erschöpft von der Welt gegangenen Pioniers und Wegbereiters.

ANHANG

Die Anmerkungstexte sind zumeist unverändert in der ursprünglichen Version belassen, die Literaturhinweise wurden hingegen aktualisiert und ergänzt.

Vorgeschichte und materialistische Geschichtsauffassung

Editorische Notiz

Der erste Beitrag dieses Bandes befaßt sich nicht unmittelbar mit dem Paläolithikum, sondern mit der vorgeschichtlichen Archäologie im allgemeinen. Dennoch habe ich ihn hier mit aufgenommen, weil er die Ursprünge meiner Beschäftigung mit der Ur- und Frühgeschichte beschreibt und weil der zweite Aufsatz über Friedrich Engels ohne ihn unverständlich bliebe. Entstanden ist der Text im Spätjahr 1981, als ich gerade ein Studium der Vor- und Frühgeschichte, Urgeschichte und Völkerkunde an der Universität Tübingen begonnen hatte. Ich verfasste ihn damals als eine Art ‚programmatisches Manifest‘ zur persönlichen Orientierung, gab ihn aber auch einer Handvoll an Theoriefragen interessierten Kommilitonen sowie Bekannten aus meiner Heimatstadt Ulm zum Lesen.

Für einen 26-Jährigen im zweiten Semester, der ich damals gerade war, kommt der Text reichlich selbstbewußt und bestimmt daher - doch hatte ich mich mit den darin behandelten Fragen auch schon in den Jahren zuvor intensiv beschäftigt. Als Leitlinien meines vorausgegangenen ‚Feierabendstudiums‘ - neben einer Ausbildung in der Druckindustrie - dienten mir die Schriften marxistischer Historiker wie George Thompson und Jürgen Kuczinsky, vor allem aber des 1957 verstorbenen britischen Prähistorikers V. Gordon Childe, der in den 1970er und 1980er Jahren eine ganze Generation kritischer junger Archäologen nachhaltig beeinflußte. Gewissermaßen als konventionellen Gegenpol dazu las ich außerdem nahezu komplett die damals als preiswerte Taschenbuchausgaben erhältlichen Sachbildbände der Time-Life-Reihe *Die Frühzeit des Menschen*, deren Machart meine eigenen späteren Veröffentlichungen ein Stück weit prägte.

Im Gegensatz zu den meisten meiner damaligen Tübinger Kommilitonen ging ich also nicht aus archäologischer Endeckerlust, Begeisterung für die heimische Prähistorie oder fasziniert vom Ausgrabungshandwerk und der Ausgräberromantik in mein Vorgeschichtsstudium, sondern zumindest zu Beginn fast ausschließlich aus theoretischen Interessen heraus. Ich hatte mir bereits in der Zeit meiner Berufstätigkeit einen recht präzise umrissenen Katalog von kulturgeschichtlichen und soziologischen - man sprach damals von ‚sozialökonomischen‘ - Fragen erarbeitet, die ich mir im Rahmen meines Vorgeschichtsstudiums beantworten wollte. Und da ich eben von Anfang an ziemlich genau wußte, was ich wollte, ließ ich mich auch von dem damals am Tübinger Institut herrschenden schwäbisch-konservativen Forschungsgeist nur relativ wenig beeinflussen. Ich machte im Laufe der Zeit nach und nach die für meinen Abschluß erforderlichen Scheine und setzte daneben unverdrossen und nach eigenem Plan mein schon in den Jahren zuvor begonnenes ‚Privatstudium‘ fort. Dies war erfreulicherweise auch ohne irgendwelche Schwierigkeiten möglich, denn in dieser Hinsicht herrschte damals am Tübinger Institut ein durchaus liberaler Geist.

In dieser Lebensphase also entstand der hier zum ersten Mal veröffentlichte Text, den ich erst vor wenigen Jahren zwischen alten Vorlesungsnotizen wiederfand. In seiner ganzen Fragestellung und nicht zuletzt auch wegen der zumeist über 60 Jahre alten Literaturzitate wirkt er heute ein wenig aus der Zeit gefallen und antiquiert, und doch hat er mich beim ersten Wiederlesen nach nunmehr 35 Jahren regelrecht ‚umgehauen‘. Im Gegensatz zu den vielen ‚Wenns‘ und ‚Abers‘, die ich heute aus gewachsener Einsicht in meine populärwissenschaftlichen Veröffentlichungen einbaue, strahlt er gerade aufgrund seiner holzschnittartigen und ein wenig naiven Geradlinigkeit eine elementare Selbstgewißheit und Kraft aus, die sich wohl jeder Autor insgeheim wünscht. Obwohl ich heute zweifellos ungleich mehr weiß als damals, glaube ich nicht, dass ich seither jemals wieder so schlüssig und kompakt ‚auf den Punkt‘ geschrieben habe. Und obgleich die eine oder andere in dem Positionspapier formulierte Behauptung durch die erst nachträglich eingefügte Anmerkung 18 relativiert oder sogar ein Stück weit wieder zurückgenommen wird, gibt der Text meiner Meinung nach doch eine Reihe wichtiger Grundaspekte und Facetten der insgesamt fraglos umfassenderen und komplexeren archäologischen Realität im Ganzen stimmig wieder.

Die von mir in dem Papier zitierten Autoren schätze ich auch heute noch als forschungsgeschichtliche Vordenker und Autoritäten aus einer Zeit, in der die Archäologie noch nicht so nüchtern-technisch und in fast schon ‚naturwissenschaftlichem‘ Geist betrieben wurde wie heutzutage, sondern sich noch als eine gleichsam ‚geschichtsphilosophisch‘ angehauchte Geisteswissenschaft verstand. Beim ‚historischen Materialismus‘, von dem ich herkam, war dies ja ohnehin der Fall, und aus meiner marxistischen Prägung erklären sich auch die zahlreichen wörtlichen Zitate, auf die ich mich bei meiner Argumentation in dem Text wie auf Brückenpfeiler stützte. Diese Gewohnheit des ausführlichen wörtlichen Zitierens habe ich mir über die Jahre bis heute bewahrt, und sie ist zu einer Art Markenzeichen vieler meiner Bücher geworden - zum Leidwesen mancher von dieser Eigenart nur wenig begeisterter Verlagslektoren, die mich immer wieder einmal vergeblich zum ‚Paraphrasieren‘ der vielen wörtlichen Zitate zu bewegen versuchten; offenkundig aber zur Freude nicht weniger meiner Leser, die wie ich den gerade in älteren Zitaten unverkennbar mitschwingenden Zeitgeist zu schätzen wissen und nicht missen möchten. Nicht zuletzt haben von diesem - je nach Sichtweise - persönlichen Laster oder dieser Tugend des häufigen Zitierens aber auch eine Reihe von Autorenkollegen und Journalisten profitiert, denen meine langjährige ‚Ausgrabungarbeit‘ in den Bibliotheken manche zeitraubende Literaturrecherche und Vertiefung in dickleibige und oft nur schwer zugängliche alte Bände ein Stück weit ersparte. So gesehen hat meine aus alter marxistischer Gewohnheit entsprungene Zitierfreudigkeit also doch auch ihr Gutes.

Anmerkungen

(1) Friedrich Engels, *Das Begräbnis von Karl Marx*. Marx/Engels Werke (MEW), Band 19, S.335-337; vgl. Marx/Engels Ausgewählte Schriften (MEAS) Band 2, S.152.

(2) Friedrich Engels, Karl Marx, *Zur Kritik der Politischen Ökonomie*. Marx/Engels Werke (MEW), Band 13, S.469; vgl. Marx/Engels Ausgewählte Schriften (MEAS) Band 1, S.340-341.

(3) Friedrich Engels, *Der Ursprung der Familie, des Privateigentums und des Staats*, Vorwort zur ersten Auflage 1884. Marx/Engels Werke (MEW), Band 21, S.27-28; vgl. Marx/Engels Ausgewählte Schriften (MEAS) Band 2, S.156.

(4) So schrieb beispielsweise Engels 1894 in einem Brief an Borgius: *„Wenn Marx die materialistische Geschichtsauffassung entdeckte, so beweisen Thierry, Mignet, Guizot, die sämtlichen englischen Geschichtsschreiber bis 1850, dass darauf angestrebt wurde, und die Entdeckung derselben Auffassung durch Morgan beweist, dass die Zeit für sie reif war und sie eben entdeckt werden m u ß t e"* (Marx/Engels Werke (MEW), Band 39, S.206; vgl. Marx/Engels Ausgewählte Schriften (MEAS) Band 2, S.473-474).

Über den keineswegs sozialistischen, sondern bürgerlichen amerikanischen Forscher Lewis H. Morgan und sein Buch *Ancient Society* von 1877 schrieb Engels: *„Es war kein Geringerer als Karl Marx, der sich vorbehalten hatte, die Resultate der Morganschen Forschungen im Zusammenhang mit den Ergebnissen seiner - ich darf innerhalb gewisser Grenzen sagen unsrer - materialistischen Geschichtsuntersuchung darzustellen und dadurch erst ihre ganze Bedeutung klarzumachen. Hatte doch Morgan die von Marx vor vierzig Jahren entdeckte materialistische Geschichtsauffassung in Amerika in seiner Art neu entdeckt und war von ihr, bei Vergleichung der Barbarei und der Zivilisation, in den Hauptpunkten zu denselben Resultaten geführt worden wie Marx"* (Friedrich Engels, *Der Ursprung der Familie, des Privateigentums und des Staats*, Vorwort zur ersten Auflage 1884. Marx/Engels Werke (MEW), Band 21, S.27; vgl. Marx/Engels Ausgewählte Schriften (MEAS) Band 2, S.155).

Und: *„Diese Wiederentdeckung der ursprünglichen mutterrechtlichen Gens* [durch Morgan, Anm. MK] (...) *hat für die Urgeschichte dieselbe Bedeutung wie Darwins Entwicklungstheorie für die Biologie und Marx' Mehrwertstheorie für die politische Ökonomie"*

(Friedrich Engels, *Der Ursprung der Familie, des Privateigentums und des Staats*, Vorwort zur vierten Auflage 1891. Marx/Engels Werke (MEW), Band 21, S.38; vgl. Marx/Engels Ausgewählte Schriften (MEAS) Band 2, S.166).

Marx und Engels anerkannten und begrüßten also ausdrücklich die Herausbildung eines ‚materialistischen‘ Flügels innerhalb der bürgerlichen Geschichts- und Sozialwissenschaft, ebenso wie in den Naturwissenschaften. Aus zahlreichen Schriften, Artikeln und Briefen von ihnen spricht der Respekt, ja zum Teil die Bewunderung, die sie den Leistungen von Forschern wie Darwin und Morgan entgegenbrachten. Ausdruck dieser Haltung ist beispielsweise der Untertitel *„Im Anschluß an Lewis H. Morgans Forschungen“*, mit dem Engels sein Werk *Der Ursprung der Familie, des Privateigentums und des Staats* versah, obwohl er darin vor allem auf dem Gebiet der europäischen Vor- und Frühgeschichte sehr viel an Material selbst erarbeitet hatte. In seinen Vorworten zu den verschiedenen Auflagen dieser Schrift verteidigte er Morgan nachdrücklich gegen Angriffe und Totschweig-Manöver, denen dieser seitens seiner Fachkollegen und des wissenschaftlichen ‚Establishments‘ ausgesetzt war, und ebenso wird darin Engels‘ Bestreben deutlich, mehr über die Persönlichkeit dieses von ihm überaus geschätzten amerikanischen Anthropologen in Erfahrung zu bringen.

Leider ist unter den Marxisten im 20.Jahrhundert eine Haltung zur bürgerlichen Wissenschaft üblich geworden, die nur als Rückschritt gegenüber dieser Haltung von Marx und Engels gewertet werden kann. Man betrachtet ‚materialistische Wissenschaft‘ und besonders ‚materialistische Geschichtsforschung‘ heute [geschrieben 1981, Anm. MK] weithin als alleiniges Monopol des Marxismus, während der bürgerlichen Wissenschaft pauschal und undifferenziert ‚reaktionäre Grundanschauungen‘ und eine ‚idealistische Methodik‘ unterstellt werden, so dass bestenfalls einige ihrer Einzelresultate verwendbar seien. Ihre bizzarsten und verhängnisvollsten Blüten trieb diese anmaßende Grundeinstellung in der Sowjetunion der 1940er und 1950er Jahre, als selbst Einsteins Relativitätstheorie unter Rückgriff auf Stalin-Zitate als ‚idealistisch‘ gebrandmarkt wurde.

Derartige Exzesse sind heute glücklicherweise weitgehend überwunden, doch noch immer fehlt es an einer wirklich aufgeschlossenen und differenzierten Herangehensweise im Geist von Marx und Engels, wie sie dringend geboten wäre. Geboten nicht nur deshalb, weil gerade in den bürgerlichen Sozialwissenschaften die fortschrittlichen Ansätze heute sehr viel stärker ausgeprägt sind als zu Marx‘ und Engels‘ Zeiten, sondern geboten auch angesichts des fragwürdigen und eher zweifelhaften Niveaus dessen, was heute vielfach als

‚marxistische Geschichtsauffassung' und ‚historischer Materialismus'
verkauft wird. Hätte man die Diskussion und Forschung in den bürgerlichen Wissenschaften aufmerksamer verfolgt und ausgewertet,
statt sie leichtfertig mit einem Handstreich abzutun, so stünde die
marxistische Forschung heute zweifellos besser da und würde wieder
in die Zukunft weisen, anstatt im Ruf antiquierter Dogmengläubigkeit
und bornierter Scheuklappenmentalität zu stehen. Hier bestätigt sich
einmal mehr das Sprichwort: Hochmut kommt vor dem Fall!

Hinweis von 2017:

Der Originaltext von 1981 ist in dieser Anmerkung unverändert belassen, weil er sehr gut meine damals noch fortdauernde Verwurzelung
im Marxismus, aber auch bereits die ersten Lockerungs- und
Freischwimmübungen erkennen läßt.

(5) V. Gordon Childe, *Man makes himself.* 3. Auflage London 1956.
Hier und im folgenden zitiert nach der deutschen Ausgabe: *Der
Mensch schafft sich selbst.* Dresden 1959, S.14. Karl Marx bemerkte
1867 im *Kapital* zu dieser Frage: *„Dieselbe Wichtigkeit, welche der
Bau von Knochenreliquien für die Erkenntnis der Organisation untergegangner Tiergeschlechter, haben Reliquien von Arbeitsmitteln
für die Beurteilung untergegangner ökonomischer Gesellschaftsfor-
mationen. Nicht was gemacht wird, sondern wie, mit welchen Arbeitsmitteln gemacht wird, unterscheidet die ökonomischen Epochen.
Die Arbeitsmittel sind nicht nur Gradmesser der Entwicklung der
menschlichen Arbeitskraft, sondern auch Anzeiger der gesellschaftlichen Verhältnisse, worin gearbeitet wird"* (Karl Marx, *Das Kapital*
Band 1. Marx/Engels Werke (MEW), Band 23, S.194-195).
    Und er stellte weiter fest: *„So wenig die bisherige Ge-
schichtsschreibung die Entwicklung der materiellen Produktion, also
die Grundlage alles gesellschaftlichen Lebens und daher aller wirklichen Geschichte kennt, hat man wenigstens die vorhistorische Zeit
auf Grundlage naturwissenschaftlicher, nicht sog. historischer Forschungen, nach dem Material der Werkzeuge und Waffen in Steinal-
ter, Bronzealter und Eisenalter abgeteilt"* (Karl Marx, *Das Kapital*
Band 1. Marx/Engels Werke (MEW), Band 23, Fußnote 5a auf
S.195).
    Diese zu Marx' Zeiten noch sehr grobe Periodisierung der
Urgeschichte nach technologischen Gesichtspunkten wurde später
noch weiter ausgearbeitet. So tragen die klassischen paläolithischen
(= altsteinzeitlichen) Kulturen wie das *Acheuléen*, das *Moustérien*,
Aurignacien, Solutréen und Magdalénien zwar die Namen von Fund-

orten, sind diagnostisch aber durch sogenannte ‚Technokomplexe‘ definiert, die jeweils unterschiedliche Arten von Stein- und Knochenwerkzeugen mit ihren differierenden Herstellungstechniken umfassen. Bei der begrifflichen Gliederung der jüngeren Vorgeschichte traten hingegen zumeist andere Kriterien wie die Form und Verzierung der Tongefäße (‚Linearbandkeramik‘, ‚Glockenbecherkultur‘) oder die Art der Bestattungsbräuche (‚Einzelgrabkultur‘, ‚Hügelgräber-Bronzezeit‘ usw.) nomenklatorisch in den Vordergrund. Siehe zu alldem: Hans Jürgen Eggers, *Einführung in die Vorgeschichte*. München 1959/1986, S.9-121.

(6) V. Gordon Childe, *Der Mensch schafft sich selbst*. Dresden 1959, S.14.

(7) C. Leonard Woolley, *Digging in the Past*. London 1930. Zit. n. der deutschen Ausgabe *Mit Hacke und Spaten. Die Erschließung versunkener Kulturen.* Leipzig 1950, S.63.

(8) In einem Diskussionsbeitrag auf der IX. Tagung der Fachgruppe Ur- und Frühgeschichte der Historiker-Gesellschaft der DDR bemerkte der marxistische Kultur- und Musikwissenschaftler Georg Knepler 1977 dazu: *„Manchmal entsteht der Eindruck, als würde man diejenigen Forscher, die sich vor allem, ja ausschließlich mit der materiellen Kultur, mit den Zeugnisen und Produkten menschlicher Arbeit beschäftigen, als die konsequenteren Materialisten, die besseren Marxisten betrachten gegenüber anderen, die Fragen der psychischen Entwicklung der frühen Menschen, ihres ästhetischen Verhaltens, ihrer emotiven Aneignung und ähnliche Fragen behandelt sehen wollen. Das kann selbstverständlich nicht stimmen. Marx hat die materielle und die geistige Entwicklung stets als Einheit gesehen"* (In: Friedrich Schlette (Hg.), *Entstehung des Menschen und der menschlichen Gesellschaft. IX. Tagung der Fachgruppe Ur- und Frühgeschichte.* Berlin 1980, S.174).

Man kann diese Feststellung nur unterstreichen. Marx und Engels wandten sich wiederholt gegen platt-materialistische Auslegungen ihrer historischen Theorie, so etwa Engels 1890 in einem Brief an Joseph Broch: *„Nach der materialistischen Geschichtsauffassung ist das* in letzter Instanz *bestimmende Moment in der Geschichte die Produktion und Reproduktion des wirklichen Lebens. Mehr hat weder Marx noch ich je behauptet. Wenn nun jemand das dahin verdreht, das ökonomische Moment sei das* einzig *bestimmende, so verwandelt er jenen Satz in eine nichtssagende, absurde Phra-*

se" (Marx/Engels Werke, Band 37, S.463. Vgl. Marx/Engels Ausgewählte Schriften, Band 2, S.456).

(9) V. Gordon Childe, *Der Mensch schafft sich selbst.* Dresden 1959, S.13/14.

(10) Friedrich Engels, *Der Anteil der Arbeit an der Menschwerdung des Affen.* Marx/Engels Werke (MEW), Band 20, S.450-451; vgl. Marx/Engels Ausgewählte Schriften (MEAS) Band 2, S.74.

(11) zit. n. Hans Jürgen Eggers, *Einführung in die Vorgeschichte.* München 1959/1986, S.12.

(12) Leopold von Ranke, Vorrede zur *Weltgeschichte.* Leipzig 1881, S.V-VII.

(13) Dies gilt natürlich besonders für die ‚offizielle' Geschichtsschreibung, die den Zeitgenossen und der Nachwelt ein ganz bestimmtes Bild von der betreffenden Gesellschaft und Epoche nahe bringen soll. Private, nicht zur Veröffentlichung bestimmte Aufzeichnungen wie Briefe, Tagebücher und Alltagsnotizen erlauben dagegen oft erstaunliche ‚Blicke hinter die Kulissen' und ins Alltagsleben einer Gesellschaft und bilden damit ein - wenngleich wenig komprimiertes und lückenhaftes, so doch weit glaubwürdigeres - Quellenmaterial für eine sozial fundierte Geschichtsschreibung.

(14) Bernt Engelmann, *Wir Untertanen*, München 1974. Ders., *Einig gegen Recht und Freiheit*, München 1975 sowie diverse Neuausgaben.

(15) Jules Marouzeau, *Das Latein. Geschichte und Gestalt einer Weltsprache.* München 1969, S.74. zit. n. Hans Dieter Stöver, *Die Römer. Taktiker der Macht.* Reinbek bei Hamburg 1978, S.328-329.

(16) Bertolt Brecht, *Gesammelte Gedichte* Band 2. Frankfurt am Main 1967, S.656-657.

(17) Wobei freilich auch nicht übersehen werden darf, dass die technischen und interpretativen Methoden, mit denen sich aus archäologischen Funden historische Erkenntnisse gewinnen lassen, zu dieser Zeit noch kaum entwickelt waren. Auch das spielte eine wichtige

Rolle bei der damaligen einseitigen Orientierung auf spektakuläre Einzelobjekte statt auf Gesamtbefunde.

(18) Diese Ausnahmen betreffen in erster Linie die Gräber und Residenzen der Herrschenden. In ihrer Ausstattung und ihren Beigabenensembles spiegelt sich weniger die Daseinsrealität dieser Individuen und Klassen als vielmehr ihre idealisierte gesellschaftliche Stellung, die durch ein entsprechendes Herrscherornat, eine kulturell festgelegte Herrschaftsikonographie sowie standesgemäße Wohlstandsinsignien und Luxusobjekte versinnbildlicht wurde. Die von den Archäologen ausgegrabenen materiellen Relikte durchliefen hier also einen bewußt gelenkten und dem literalen Herrscherkult wesensverwandten ‚Filter‘, wie ich das in meinem Buch *Das Zeitalter der Keltenfürsten* (Stuttgart 2010, S.59-140) am Beispiel der keltischen Fürstengräber Mitteleuropas sowie von ausgewählten Herrschergräbern anderer antiker Kulturen zu zeigen versucht habe.

Von diesem Sonderfall abgesehen bewirken aber auch eine Reihe nicht bewußt gesteuerter, sondern allein aus den archäologischen Überlieferungsbedingungen resultierender Faktoren eine assymmetrische und in den Proportionen verzerrte Fundüberlieferung. So hat allein schon die unterschiedliche Erhaltungsfähigkeit verschiedener Materialien zur Folge, dass das archäologische Fundbild die einstige Realität fast nie gänzlich getreu wiedergibt. Organische Stoffe wie Holz, Leder oder Textilien vergehen nämlich unter normalen Bedingungen im Boden sehr rasch und sind daher im Fundmaterial meist stark unterrepräsentiert, während Gegenstände aus Stein oder gebranntem Ton sich sehr viel besser erhalten und im Fundgut daher zu einem hohen Prozentsatz überliefert sind. Metallobjekte wiederum vergehen zwar nur selten, wurden wegen ihres beträchtlichen Materialwerts aber nach dem Gebrauch einst nicht weggeworfen, sondern in der Regel eingeschmolzen und auf diese Weise immer weiterverwertet. Schon aus diesen unterschiedlichen Überlieferungs- und Erhaltungsbedingungen resultiert eine regelhafte Disproportionalität des archäologischen Fundmaterials zugunsten von Stein und Keramik und zu Ungunsten von organischen Stoffen und Metallen, die vor allem im Fundgut von Siedlungen chronisch unterrepräsentiert sind.

Da all diese Assymmetrien und Verzerrungen heute freilich gut bekannt und abschätzbar sind, lassen sie sich bei der Fundauswertung von vorn herein berücksichtigen, und überdies gleichen sich die Disproportionalitäten bei der Auswertung unterschiedlicher Fundgattungen wie Siedlungs-, Grab- und Depotfunden ein Stück weit aus. Daher ist es heute trotz der genannten Handicaps im Endeffekt doch möglich, zu einem insgesamt ausgewogenen und authentischen Gesamtbild zu gelangen. Siehe zu alldem: Hans Jürgen Eggers, *Einführung in die Vorgeschichte.* München 1959/1986, S.255 ff. (= *Archäologische Quellenkritik*).

(19) Es gibt hierfür eine Vielzahl von Beispielen. Eine gute Einführung in das Thema bieten Dale M. Brown (Hg.), *Die blühenden Städte der Sumerer.* Köln 2001 und Hans J. Nissen, *Geschichte AltVorderasiens.* 2.Auflage München 2011. Aktuelle und exemplarische Einzelbeispiele: Nicola Crüsemann u. a. (Hg.), *Uruk - 5000 Jahre Megacity.* Petersberg/Mannheim 2013. Manfred O. Korfmann (Hg.), *Troia - Archäologie eines Siedlungshügels und seiner Landschaft.* Mainz am Rhein 2006.

(20) C. Leonard Woolley, *Mit Hacke und Spaten.* London 1930/Leipzig 1950, S.51-52.

(21) Es handelt sich um die knapp ein halbes Jahrtausend lang bewohnte Arbeitersiedlung Deir el-Medine.

(22) zit. n. Lionel Casson, *Ägypten - die Pharaonenreiche.* Reinbek bei Hamburg 1971, S.129.

(23) C. Leonard Woolley, *Mit Hacke und Spaten.* London 1930/Leipzig 1950, S.13.

(24) V. Gordon Childe, *Prehistory and Marxism.* In: Antiquity 53/1979, S.94 (eigene Übersetzung).

Friedrich Engels' Schrift
Anteil der Arbeit
-130 Jahre danach

Editorische Notiz

Obwohl ich mich in meiner Jugend stets als ,Marxist' bezeichnete, habe ich eigentlich eher die Schriften von Karl Marx' Gefährten und finanziellem Unterstützer Friedrich Engels als Lektüre bevorzugt. In meinem damaligen linken Umfeld kursierte der Spruch, wer den ersten Band von Marx' *Kapital* lese, der altere um ein Jahr, wer den zweiten Band lese, um zwei Jahre und bei der Lektüre von Band 3 um zehn Jahre. Dieser Insidergag entsprach ziemlich genau meiner eigenen Wahrnehmung: Ich empfand es immer als relativ mühsam, die oft staubtrockenen, abstrakten und mit fremdsprachigen Passagen durchsetzten Texte von Marx zu lesen und hatte häufig das Gefühl, sie zunächst einmal Wort für Wort ,ausbuchstabieren' und semantisch entziffern zu müssen, bevor ich mich inhaltlich mit ihnen auseinandersetzen konnte. Das geht mir mit soziologischer und philosophischer Fachliteratur vielfach noch heute so, weshalb ich diese Art von Lektüre nach Möglichkeit vermeide.

Marx' stärker geerdetes *Alter Ego* Friedrich Engels schrieb dagegen in der Regel anschaulich und locker, ja mitunter sogar humorvoll, und erschloß den Marxismus dadurch auch jenen Bevölkerungschichten, die sonst kaum Zugang zu höherer Bildung hatten und für die er letztlich ja bestimmt war. Von Hardcore-Marxisten wird dem erfolgreichen Industriellen deshalb hin und wieder vorgeworfen, er habe das Marxsche Gedankengut ungebührlich simplifiziert und verflacht, doch fand ich diesen Vorwurf schon immer unbegründet und ein wenig lächerlich. Ganz im Gegenteil vermittelte Engels seiner Arbeiterleserschaft neben den natürlich im Zentrum stehenden gesellschaftspolitischen Theorien auch noch eine Menge an anderen Bildungsgütern und an allgemeinem Faktenwissen über die unterschiedlichsten Themenbereiche, das in diesem Milieu damals sonst nur schwer zugänglich war, und ‚popularisierte' den Marxismus damit im besten Sinne des Wortes.

Mir selbst, der ich in der Schule die naturwissenschaftlichen Fächer wie Mathematik, Physik und besonders Chemie von ganzem Herzen hasste, erschlossen vor allem Engels' große naturphilosophische Werke wie der *Anti-Dühring* von 1878 und die zwischen 1873 und 1886 entstandene *Dialektik der Natur* erstmals ein Stück weit die Bedeutung der Naturwissenschaften, und seine zu ihrer Zeit wegweisende Schrift *Der Ursprung der Familie, des Privateigentums und des Staates* von 1884 trug wesentlich zu meiner Hinwendung zur Archäologie und Vorgeschichtsforschung bei.

Vor allem aber beeindruckten mich an Engels' Werken ihre breit gefächerten Fragestellungen und ihr weiter philosophischer Horizont, die ich so bis dahin nicht gekannt hatte. Sie machten mir klar, dass es für einen vom trockenen schulischen Faktenwissen gelangweilten jungen Mann wie mich auch noch andere spannende und faszinierende Themenbereiche neben der reinen Gesellschaftspolitik gab, mit der ich mich bis dahin vorwiegend beschäftigt hatte. Die Lektüre von Engels' Schriften weitete damit entscheidend meinen geistigen und Interessenshorizont und eröffnete mir - so seltsam oder möglicherweise befremdlich das vielleicht auch für manchen in klassisch-bildungsbürgerlichem Milieu Aufgewachsenen klingen mag - auf diese Weise letztlich auch den Weg zu ernsthafter wissenschaftlicher Betätigung.

Als ich 2006 als bereits leidlich bekannter Urgeschichtsautor von der linken *Offenen Universität* in Gelsenkirchen die Einladung erhielt, einen Vortrag zum 150-jährigen Jubiläum der Entdeckung des Neandertalers in dem namengebenden Tal bei Düsseldorf zu halten, kam mir daher rasch der Gedanke, dieses damals überall in den Medien präsente Jubiläum mit den Bemerkungen über die menschliche Urgeschichte zu verknüpfen, die Friedrich Engels 1876 in seiner kleinen Schrift *Anteil der Arbeit an der Menschwerdung des Affen* zu Papier gebracht hatte. Da sich ihre Entstehung 2006 gleichfalls zum 130. Mal jährte, gab es in jenem Jahr für Marxisten also gleich zwei Urgeschichtsjubiläen zu feiern, und aus dieser Idee eines ‚Doppeljubiläums' entstand der rund einstündige Vortrag, der hier (von einigen Datenaktualisierungen abgesehen) nahezu unverändert wiedergegeben ist.

Lassen sich Engels' mittlerweile 140 Jahre alten Ausführungen heute wirklich noch als in den Grundzügen zutreffend und wissenschaftlich relevant bezeichnen, wie ich das in meinem Vortrag vor dem linken Auditorium forsch behauptete? Wenn man den Begriff der ‚Arbeit', den Engels ins Zentrum seiner Menschwerdungstheorie rückte, nicht allzu eng auffasst, sondern als eine Art Metapher oder Synonym für die Gesamtheit der kulturellen Tätigkeiten und Leistungen versteht, durch die der Mensch sich von den Tieren unterscheidet und abhebt, so glaube ich dies durchaus. Viele heutige Urgeschichtsforscher würden mir hier zwar vermutlich widersprechen, denn die noch aus der Epoche der Industrialisierung stammenden und unverkennbar von ihrem Geist geprägten Erklärungsmuster des Menschen als ‚Werkzeugmacher' *(Man the toolmaker)* und großem Umgestalter der Natur, wie sie auch Engels vertrat, gelten mittlerweile als weitgehend veraltet und hoffnungslos überholt. Aussicht auf wissenschaftliche Anerkennung und Wertschätzung haben in unserer postindustriellen Gesellschaft - da das *Sein* ja bekanntlich das *Bewusstsein* bestimmt - vor allem psycho-soziale Erklärungsmuster, die die Wahrnehmungen und Empfindungen, die Kognition und Psychologie sowie andere komplexe Empfindungsbereiche des Menschen und nicht seine materielle Reproduktion als den Schlüssel für seine Herausbildung aus dem Tierreich ansehen.

Da das Dasein der Jäger und Sammler in der menschlichen Frühzeit nach meiner Überzeugung aber sehr viel stärker durch materielle Faktoren determiniert und vom täglichen Kampf ums Überleben bestimmt gewesen sein dürfte, als wir uns das in unserer heutigen Supermarktkultur vorzustellen vermögen, halte ich die alten, materialistisch geprägten Evolutionsmodelle, die das Hauptaugenmerk auf die Überlebensstrategien der Früh- und Altmenschen richten, nach wie vor für den damaligen Lebensabläufen und Entwicklungsprozessen sehr viel angemessener als viele der heute so phantasievoll und originell am Computer zusammengebastelten ‚kognitiven' Hominisationsmodelle.

So glaube ich beispielsweise noch immer, dass die steinernen Faustkeile des *Homo erectus* und des Neandertalers - und damit *die* urgeschichtlichen Steinwerkzeuge schlechthin - trotz ihrer auffallend schönen Form und sorgfältigen Gestaltung im paläolithischen Lebensalltag primär als Arbeitsgeräte dienten und nicht den vorrangigen Zweck hatten, potentielle Sexualpartnerinnen durch ihre kunstvolle und filigrane Machart zu beeindrucken, wie sich das kognitiv orientierte und in einer postmateriellen Gesellschaft aufgewachsene Archäologen heute mitunter vorstellen. (1)

Ebenso bin ich nach wie vor davon überzeugt, dass unser menschliches Sprachvermögen sich ursprünglich vor allem aus dem Bedürfnis nach einer leistungsfähigeren und differenzierteren Form der Kommunikation und präziserem Informationsaustausch entwickelte und nicht in erster Linie, um die gegenseitige Fellpflege in den größer werdenden Hominidengemeinschaften als soziales und emotionales Bindungselement zu ersetzen, wie dies eine andere viel beachtete jüngere Entwicklungstheorie annimmt. (2)

Da mir solche fraglos originellen, aber zugleich auch ziemlich weit hergeholten und ‚um drei Ecken gedachten' Spekulationen allzu ausgeklügelt und konstruiert erscheinen, ziehe ich als unverbesserlicher ‚Retro' auch heute noch die alten, stärker materiell orientierten Menschwerdungstheorien solchen postmodernen Rückprojektionen heutiger Verhaltens- und Denkmuster in eine 50 000 oder 500 000 Jahre zurückliegende und gewiß gänzlich anders geartete Urzeit vor. Und ja, insofern verdienen es nach meiner Meinung auch Friedrich Engels' Bemerkungen zu dem Thema noch heute, nach 140 Jahren, gelesen und kommentiert zu werden.

Anmerkungen

(1) Mit dieser eigenwilligen ‚Partnerwerbungs-Theorie' über die Faustkeile erzielte der britische Forscher Steven Mithen in den 1990er Jahren einen beachtlichen Aufmerksamkeitserfolg in der Fachwelt und in den Medien. Siehe dazu etwa: Steven Mithen/Marek Kohn, *Handaxes - products of sexual selection?* In: Antiquity 73/1999, S.518-526. Die Zeitschrift *GEO* bot mir seinerzeit an, einen zustimmenden Artikel über diese Hypothese zu schreiben, was ich jedoch aus Überzeugung ablehnte.

(2) Der britische Psychologe Robin Dunbar begründete diese sogenannte ‚Kraultheorie' des Sprachursprungs 1996 in seinem Buch *Grooming, Gossip and the evolution of language* (deutsche Ausgabe *Klatsch und Tratsch. Wie der Mensch zur Sprache fand.* München 1998.

(3) Marx/Engels Werke (MEW) Bd.20, S.444-455. Vgl. Marx/Engels Ausgewählte Schriften (MEAS) Bd.2, S.68-79.

(4) MEW Bd.21, S.30-173 = MEAS Bd.2, S.155-301.

(5) MEW 20, S.107/108.

(6) Lewis Henry Morgan, *Ancient Society* (1877). Deutsche Ausgabe: *Die Urgesellschaft. Untersuchungen über den Fortschritt der Menschheit aus der Wildheit durch die Barbarei zur Zivilisation.* Stuttgart 1891. Siehe dazu auch: Erhard Lucas, *Die Rezeption Lewis H. Morgans durch Marx und Engels.* In: *Saeculum* 15/1964, S.153-176. Karl Marx, *Die ethnologischen Exzerpthefte* (hg. Von Lawrence Krader), Frankfurt 1976. Heinz Grünert, *Die Archäologie im Werk von Karl Marx und Friedrich Engels.* In: *Ethnographisch-Archäologische Zeitschrift* 25/1984, S.257-289.

(7) Charles Darwin, *Über die Entstehung der Arten durch natürliche Zuchtwahl* (1859), Neuausgabe Darmstadt 1988. Ders., *Die Abstammung des Menschen* (1871). Neuausgabe mit einer Einführung von Christian Vogel, Stuttgart 1982. Siehe dazu auch: Dieter Groh, *Marx, Engels und Darwin.* In: Günter Altner (Hg.), *Der Darwinismus - die Geschichte einer Theorie.* Darmstadt 1981, S.217-241.

(8) MEW 29, S.254 und MEW 30, S.131, zit n. Grünert (vgl. Anm.6) S.262. Darwin bedankte sich höflich bei Marx für das zugesandte Buch, ohne es wirklich angeschaut oder gar gelesen zu haben - bei dem in seinem Nachlaß aufgefundenen Exemplar waren die aus drucktechnischen Gründen am Rand aneinanderhaftenden Seiten nach Grünert, S.263 Anm.3 jedenfalls noch nicht aufgetrennt. Nach Angaben Grohs (vgl. Anm.7) S.237, beabsichtigte Marx 1880 sogar, Darwin den 2. Band seines *Kapital* zu widmen, was dieser jedoch höflich ablehnte.

(9) Engels erwähnte Virchows Arbeiten in seinen Schriften und Briefen immer wieder, er kannte sie also.

(10) MEW 20, S.444.

(11) MEW 20, S.445.

(12) Friedemann Schrenk, *Die Frühzeit des Menschen.* München 1998, S.32.

(13) Carsten Niemitz, *Das Geheimnis des aufrechten Gangs.* München 2004.

(14) MEW 20, S.445-446.

(15) Peter Reill, *Alles im Griff!* In: Marco Wehr/Martin Weinmann (Hg.), *Die Hand.* München 2005, S.61 und 71.

(16) MEW 20, S.445.

(17) MEW 20, S.449.

(18) MEW 20, S.449.

(19) Dem kundigen Marxisten kommt in diesem Zusammenhang natürlich das berühmte Marx-Zitat über den „Gebrauch und die Schöpfung von Arbeitsmitteln" in den Sinn, die der Mensch „seinen eignen Leibesorganen hinzufügt, seine natürliche Gestalt verlängernd, trotz der Bibel" (Karl Marx, *Das Kapital* Band 1. MEW 23, S.194.

(20) MEW 20, S.446-447.

(21) Für Einzelheiten dazu und zur aktuellen Diskussion siehe: Martin Kuckenburg, Wer sprach das erste Wort? Die Entstehung von Sprache und Schrift. 3. Auflage Darmstadt 2016.

(22) MEW 20, S.450.

(23) Im 19. Jahrhundert nahm man fälschlicherweise noch an, der Mensch habe schon von Anbeginn selbst erzeugtes Feuer verwendet. *„An der Schwelle der Menschheitsgeschichte steht die Entdeckung der Verwandlung von mechanischer Bewegung in Wärme: die Erzeugung des Reibfeuers"*, schrieb etwa Engels 1878 in seinem ‚Anti-Dühring‘, und weiter: *„Das Reibfeuer gab dem Menschen zum erstenmal die Herrschaft über eine Naturkraft und trennte ihn damit endgültig vom Tierreich. "* (Friedrich Engels, *Herrn Eugen Dühring's Umwälzung der Wissenschaft.* MEW 20, S.106/107) Heute gehen die Archäologen hingegen überwiegend davon aus, dass durch Reibungshitze erzeugtes Feuer erst am Ende einer längeren Entwicklung stand, die mit der Nutzung von Naturfeuer begann und in der künstlichen Funkenerzeugung mit Hilfe von Schwefelkies (Pyrit) als ältestem ‚Feuerzeug‘ ihre Fortsetzung fand.

(24) MEW 20, S.450.

(25) MEW 20, S.450.

(26) MEW 20, S.446 und 451-455. Eine kurze Passage als Kostprobe: *„Schmeicheln wir uns indes nicht zu sehr mit unsern menschlichen Siegen über die Natur. Für jeden solcher Siege rächt sie sich an uns. Jeder hat in erster Linie zwar die Folgen, auf die wir gerechnet, aber in zweiter und dritter Linie hat er ganz andre, unvorhergesehene Wirkungen, die nur zu oft jene ersten Folgen wieder aufheben. (...) Und so werden wir bei jedem Schritt daran erinnert, dass wir keineswegs die Natur beherrschen, wie ein Eroberer ein fremdes Volk beherrscht, (...) sondern daß wir mit Fleisch und Blut und Hirn ihr angehören und mitten in ihr stehn, und dass unsre ganze Herrschaft über sie darin besteht, im Vorzug zu allen andern Geschöpfen ihre Gesetze erkennen und richtig anwenden zu können"* (MEW 20, S.452-453).

Solche weitsichtigen Formulierungen, die Engels fast schon als einen frühen Vertreter des ökologischen Denkens ausweisen, bleiben leider oftmals unberücksichtigt, wenn der Marxismus einseitig als Ausdruck der ‚industriellen Mentalität‘ des 19. Jahrhunderts charakterisiert wird.

(27) MEW 20, S.450.

(28) Hartmut Thieme (Hg.), *Die Schöninger Speere. Mensch und Jagd vor 400 000 Jahren,* Stuttgart 2007. Experten vermuten mittlerweile, dass Frühmenschen beim heutigen Ort Kathu in Südafrika bereits vor 500 000 Jahren Holzspeere mit steinernen Spitzen versahen und mit diesen mehrteiligen ‚Kompositwaffen‘ erfolgreich auf die Jagd gingen. Gefunden wurden allerdings nur die Steinspitzen selbst, so dass ihre Verwendung als Jagdprojektile letztlich eine allerdings sehr plausible Vermutung bleiben muß. Siehe dazu: Jayne Wilkins u. a., *Evidence for Early Hafted Hunting Technology.* In: *Science* 338/2012, S.942-946 sowie: *Speere mit Steinspitzen vor 500 000 Jahren.* In: Süddeutsche Zeitung vom 16.11.2012.

(29) MEW 20, S.450/451.

Gab es einen ‚Urknall' der Kultur?

Editorische Notiz

In den 1980er und 1990er Jahren wurde es mehr und mehr Usus, das Erwachen des menschlichen Geistes und der menschlichen Kultur erst beim jungpaläolithischen *Homo sapiens* vor 40 000 bis 10 000 Jahren zu verorten. Man stellte seine während dieser Zeit geschaffenen Höhlenmalereien, Kleinkunstwerke und Schmuckstücke dabei betont plakativ den im Vergleich dazu eher bescheiden anmutenden archäologischen Hinterlassenschaften des *Homo erectus* und der Neandertaler gegenüber, die *„über eine Million Jahre"* lang nur *„stumpfsinnig auf Steinen herumklopften"*, wie es in einer viel gelesenen Titelgeschichte des ‚Spiegel' aus dem Herbst 2002 hieß. (1)

Viele Urgeschichtsforscher sahen keinen Entwicklungszusammenhang und keinerlei evolutionäre Verbindung mehr zwischen diesen kreativen Geniestreichen unserer frühmodernen Vorfahren und dem vermeintlich *„stupiden Steineklopfen der frühen Urmenschen"* - so nochmals der ‚Spiegel'. Vielmehr schienen diese eindrucksvollen Meisterwerke wie ein plötzlicher Lichtstrahl nach Jahrhunderttausende währender Finsternis in der archäologischen Überlieferung aufzutauchen und eine völlig neue intellektuelle Kapazität und Mentalität ihrer Schöpfer anzuzeigen - eben das Erwachen des menschlichen Geistes und der menschlichen Kultur.

Diese neuartige wissenschaftliche Sichtweise hing nicht zuletzt mit dem Umstand zusammen, dass man den ‚schöngeistigen' und gehobenen, nicht so sehr den alltäglichen materiellen Lebensbedürfnissen, sondern ästhetischen und symbolischen Zwecken dienenden Kulturgütern wie Schmuck und Kunst in der Forschung nunmehr einen sehr viel höheren Stellenwert als kulturellen Indikatoren und ‚Markern' einräumte als in der Zeit zuvor. Parallel dazu wurde die bereits lange vor dem modernen Menschen recht hoch entwickelte technologische ‚Alltagskultur' des *Homo erectus* und der Neandertaler mit ihren eleganten Faustkeilen, Blattspitzen und anderen sorgfältig und raffiniert gefertigten Steinwerkzeugen jetzt wesentlich geringer bewertet als in der älteren Urgeschichtsforschung. Da sie ja ‚nur' der materiellen Reproduktion und damit einer bereits im Tierreich existierenden Bedürfniskategorie diente, wurde sie nun oftmals stillschweigend der funktionell und mental im Grunde noch vorhumanen und damit letztlich ‚animalischen' Daseinsebene zugeordnet. (2) Als eigentliches Grundmerkmal und Kennzeichen des Menschen und seiner Kultur anerkannte man damit letztlich nur noch seine symbolischen und künstlerischen Werke, die eben erst mit dem frühmodernen *Homo sapiens* des Jungpaläolithikums vor etwa 40 000 Jahren in der archäologischen Überlieferung auftauchen.

Mag eine solche einseitige *„Bindung der Kultur an das Gehobene, wenn nicht Erhabene"* - so eine Formulierung des Völkerkundlers Fritz Kramer - im Alltagsgebrauch auch durchaus üblich und nachvollziehbar sein, so ist sie in den Kulturwissenschaften nicht zuletzt dank des Einflusses der marxistischen Sozialforschung bereits seit den 1930er Jahren fast vollständig aufgegeben und als wissenschaftliche Kategorie obsolet. (3) Ihre Wiederbelebung in der Urgeschichtsforschung als Beurteilungsmaßstab für die Herausbildung von Menschlichkeit und Kultur in unserer frühen Entwicklungsgeschichte war und ist daher nach meiner Auffassung sehr bedauerlich und ein schwerwiegender Rückfall in die alltagsferne und elitäre Anthropologie der Zeit vor mehr als hundert Jahren. Alle positiven methodischen Fortschritte und Einsichten, die die jüngere Kulturanthropologie seither erzielt und gewonnen hat, sind in einem solch eingeengten *„Kulturbegriff, der nur Sublimes, Gehobenes und Erhabenes als ‚Kultur' gelten läßt"* - so nochmals Kramer - gleichsam aufgehoben und wieder rückgängig gemacht. (4)

Gegen dieses kulturwissenschaftliche *Roll back* bei der Erforschung unserer ältesten Entwicklungsgeschichte bezog ich zwischen 1995 und 2005 in einer Reihe von Büchern und Zeitschriftenartikeln sehr explizit Stellung. Unter ihnen war auch der hier erstmals in voller Länge veröffentlichte kleine Aufsatz, den ich 2005 für eine Anthologie zur tierischen und menschlichen Evolutionsgeschichte verfaßte. Ich habe ihn nicht zuletzt auch deshalb in diese Essayauswahl mit aufgenommen, weil er einen vergleichsweise kompakten und doch meines Erachtens auch heute noch stimmigen Überblick über die wichtigsten Grundetappen und Schritte unserer frühesten Kulturgeschichte gibt. Wen die darin nur stichwortartig erwähnten Fundorte und Funde genauer interessieren, der sei auf mein etwa aus der selben Zeit stammendes Buch *Als der Mensch zum Schöpfer wurde - an den Wurzeln der Kultur* (Stuttgart 2001) hingewiesen, in dem die hier gewissermaßen nur als ‚Chiffren‘ aufgelisteten Schlüsselfunde eingehender und detaillierter beschrieben sind.

Anmerkungen

(1) Gerald Traufetter, *Stimmen aus der Steinzeit*. In: Der Spiegel 43/2002, S.221.

(2) Diese Tendenz wurde noch den Umstand verstärkt, dass man die technischen Fähigkeiten einer ganzen Reihe von Tierarten - beispielsweise den Gerätegebrauch bei Schimpansen - seit den 1980er Jahren sehr viel höher einschätzte als zuvor, so dass das Alleinstellungsmerkmal und Definitionskriterium des Menschen als ‚Werkzeughersteller‘ (*Man the toolmaker*) mehr und mehr in Frage gestellt zu sein schien. Eine ähnliche Umwertung wäre unter den Stichworten ‚Verständigungsvermögen von Menschenaffen‘ und ‚malende Schimpansen‘ zwar auch im kreativen und symbolischen Bereich möglich gewesen, unterblieb dort aber weitestgehend.

(3) Fritz Kramer in: Bronislaw Malinowski, *Schriften zur Anthropologie*. Eschborn bei Frankfurt 2000, S.15. Wie Kramer dort ausführte, besitzt nach der modernen funktionalistischen Kulturauffassung *„jede Kultur ihr letztes Maß nicht an den sublimen Leistungen des Geistes, sondern an ihrem Beitrag zur Erfüllung der Grundbedürfnisse. (...) Diese Aufnahme des Alltäglichen in den Kulturbegriff ist inzwischen in der Anthropologie so selbstverständlich geworden, dass man hier die außerhalb der Anthropologie noch verbindliche Bindung der Kultur an das Gehobene, wenn nicht Erhabene geradezu vergessen hat.“*

(4) Fritz Kramer in: Bronislaw Malinowski, *Schriften zur Anthropologie.* Eschborn bei Frankfurt 2000, S.18.

(5) Georg Kraft, *Der Urmensch als Schöpfer. Die geistige Welt des Eiszeitmenschen.* 2. Auflage Tübingen 1948, S.2

(6) Einen kompakten und reich illustrierten Überblick über die Fundstätten und Funde der Schwäbischen Alb gibt der Museumsbildband von Georg Hiller u. a., *Welt-kult-ur-sprung*, Ostfildern 2016. Der derzeitige Ausgrabungsleiter Nicholas Conard hat seine Beurteilung und Wertung dieser Funde kürzlich auch in einem knappen Artikel mit dem programmatischen Titel *Vorsprung durch Kunst* in der Frankfurter Allgemeinen Zeitung vom 19.2.2017 zusammengefaßt.

(7) Diese vergleichsweise junge Wortschöpfung lehnt sich - ebenso wie der geläufigere Begriff der *Neolithischen Revolution* (= ‚Ackerbaurevolution‘) - an den mittlerweile fest im Alltagswortschatz verwurzelten Terminus ‚Industrielle Revolution‘ an.

(8) „*Meine (...) These lautet: Vor etwa 50 000 Jahren muss es unter den Menschen in Afrika eine genetische Veränderung gegeben haben. Diese Mutation hat modernes Verhalten erst möglich gemacht und den Keim zur Kultur gelegt*“, äußerte Richard Klein etwa in einem Interview mit dem ‚Spiegel‘ (Ausgabe 5/2003, S.132). Ganz ähnlich argumentierte bereits zuvor Derek Bickerton in seinem Buch *Language and species* (Chicago 1990, S.174 und 196) sowie im Interview mit dem ‚Spiegel‘ (Nr. 43/2002, S.226.)

(9) Der einflußreiche britische Prähistoriker V. Gordon Childe nannte vor diesem Hintergrund und in Abgrenzung zur biblischen Schöpfungsgeschichte sein wohl bekanntestes Buch *Man makes himself* (London 1936. Deutsche Ausgabe: *Der Mensch schafft sich selbst.* Dresden 1959).

(10) Die genannte Stufenabfolge entspricht in ihren Grundzügen der international gebräuchlichen Einteilung des Paläolithikums in die ‚Mode 1 bis 5-Technologien‘ nach Grahame Clarke (*World Prehistory*, 2.Auflage Cambridge 1969).

(11) Dietrich Mania, *Auf den Spuren des Urmenschen - die Funde von Bilzingsleben.* Berlin/Stuttgart 1990. Eine offenkundig gravierte Zickzacklinie wurde kürzlich auch auf einer fossilen Muschelschale von dem 500 000 Jahre alten *Homo-erectus*-Fundplatz Trinil auf Java

entdeckt. Siehe dazu: Josephine C. A. Joordens u. a., *Homo erectus at Trinil on Java used shells for tool production and engraving.* In: Nature 518/2015, S.228-231.

(12) Eine detaillierte Übersicht über die erwähnten Fundorte und Funde mit ausführlichen Literaturhinweisen findet sich in meinem Buch *Als der Mensch zum Schöpfer wurde - an den Wurzeln der Kultur* (Stuttgart 2001, S.82-142).

(13) Die entsprechenden Funde bis zum Jahr 2005 sind zusammengestellt in meinen Büchern *Als der Mensch zum Schöpfer wurde* (Stuttgart 2001, S.168-184) und *Der Neandertaler* (Stuttgart 2005, S.220-234). Mittlerweile haben sich auch Hinweise auf Federschmuck und andere symbolische Objekte der Altmenschen gefunden - siehe dazu beispielsweise: Frank Patalong, *Der Schmuck der Neandertaler.* ,Spiegel-online' vom 12.3.2015.

(14) Im übrigen dürften auch regionale Besonderheiten wie die Nutzung der Höhlen West- und Mitteleuropas als Kultstätten zur Konzentration und Massierung von Kunstwerken und anderen Kulturzeugnissen dort beigetragen haben. Da es vergleichbare kulturelle Kristallisationspunkte und archäologische ,Überlieferungskammern' in anderen Teilen der jungpaläolithischen Welt schlichtweg nicht gab, sind Klischees wie die von der Schwäbischen Alb und Südwestfrankreich als „Geburtsstätten des menschlichen Geistes" und „Urwiegen der Kultur" schon vom Ansatz her irreführend und wissenschaftlich unhaltbar.

(15) Zit. n. Georg Kraft, Der Urmensch als Schöpfer. Die geistige Welt des Eiszeitmenschen. 2. Auflage Tübingen 1948, S.101

Der Mythos vom *Super-Sapiens*

Editorische Notiz

Bei diesem Text handelt es sich um die Einleitung und das Nachwort (S.11-15 und S.353-361) meines 1997 erschienenen Buches *Lag Eden im Neandertal?*, die die elf Kapitel des Bandes nach Art eines Prologs und Epilogs umschlossen. Da der Verlag seinerzeit auf einer Kürzung meines ursprünglich sehr viel umfangreicheren Manuskripts bestand, nahm ich eine Reihe von Passagen heraus, die in der hier abgedruckten Version wieder eingefügt sind. Insofern handelt es sich bei dem vorliegenden Essay um einen in dieser Form und Länge bislang unveröffentlichten Text.

    Lag Eden im Neandertal? war nach meinem Erstlingswerk *Die Entstehung von Sprache und Schrift* aus dem Jahr 1989 mein bis dahin ehrgeizigstes Buch, an dem ich (neben einer Berufstätigkeit) fast vier Jahre lang arbeitete. Ich verfolgte darin zwei unterschiedliche thematische Ziele: Einerseits wollte ich in einem weitgespannten historischen Überblick zeigen, wie sich *Das Bild vom frühen Menschen* - so lautete der ursprüngliche Arbeitstitel - im Laufe der Forschungsgeschichte Hand in Hand mit dem jeweils herrschenden Zeitgeist beständig verändert hatte und somit gewissermaßen ein in die Vergangenheit zurückprojiziertes Spiegelbild der jeweiligen Gesellschaft darstellte. Andererseits ging es mir darum, die im Mittelpunkt des vorliegenden Essays stehende *Out of Africa*-Verdrängungstheorie der Menschwerdung und das mit ihr verknüpfte *‚Big Bang‘*-Szenario der Kulturentstehung, die ich als aktuelle Beispiele der bis heute andauernden Ideologieanfälligkeit der Urgeschichtsforschung ansah, einer gründlichen Analyse und Kritik zu unterziehen.

    Was mich an diesen beiden damals noch recht neuen Theorien störte, war keineswegs ihre Verortung unser aller Wurzeln bei einer schwarzen Ursprungsbevölkerung in Afrika, das in der Naturgeschichte ja häufig eine Art Vorreiterrolle als ‚evolutionäres Versuchslabor‘ spielte. Mir widerstrebte vielmehr das in den 1980er und 1990er Jahren untrennbar mit ihnen verknüpfte aggressiv-expansive Auslöschungsszenario, das mit einer unterschwelligen ‚Entmenschlichung' aller vormodernen Urmenschenformen verbunden war. Mir erschien und erscheint das damals in den Medien euphorisch gefeierte und inflationär verbreitete Szenario vom unerbittlichen weltweiten Triumphzug einer einzelnen Regionalbevölkerung auf Kosten aller anderen als eine offenkundige und im Grunde ziemlich entlarvende Widerspiegelung der Idee einer unipolaren Welt unter Führung der USA und ihrer Verbündeten, die vielen seinerzeit als eine positive und erstrebenswerte Zukunftsvision galt. Die Verfechter dieser Idee konnten sich eine Einheit und Zusammengehörigkeit der ganzen Menschheit offenkundig nur unter den Vorzeichen der Dominanz und Führung einer einzelnen besonders ‚begabten' und überlegenen Macht bzw. Menschengruppe vorstellen und projizierten diesen Gedanken nun auch in unsere Entwicklungsgeschichte zurück - das war und ist bis heute mein Eindruck. Es handelte sich also von meiner Seite um eine explizit linke und ‚antiimperialistische', nicht um eine reaktionär und rassistisch motivierte Kritik, wie sie damals von anderer Seite her gleichfalls gegen die *Out-of-Africa*-Theorie geäußert wurde.

Die Auseinandersetzung mit diesem komplizierten wissenschaftlich-ideologischen Themenkomplex sollte meinem Buch die angestrebte aktuelle Brisanz und Relevanz geben, während der vorangestellte und sehr viel ausführlichere forschungsgeschichtliche Überblick für die gewünschte philosophische Tiefe und Untermauerung sorgen sollte. Alles in allem ein ziemlich anspruchsvolles und verwickeltes Vorhaben, das ich im Rückblick gesehen wohl besser auf zwei unterschiedliche Bücher verteilt hätte.

Der Band erschien im Herbst 1997 im Düsseldorfer Econ Verlag, der mit Bestsellern wie Werner Kellers *Und die Bibel hat doch recht* und Rudolf Pörtners *Mit dem Fahrstuhl in die Römerzeit* schon seit den 1950er Jahren eine Tradition des großen erzählerischen und nicht selten auch ins Epische tendierenden historischen Sachbuchs pflegte. Man bat mich daher, einen an dieser ‚literarischen' Tradition anknüpfenden Titel für mein Werk vorzuschlagen. Aus dem ursprünglichen *Bild vom frühen Menschen* wurde so *Lag Eden im Neandertal?* mit dem Untertitel *Auf der Suche nach dem frühen Menschen*, wobei ich den Vorschlag aus der verlaglichen Vertreterkonferenz, den Band *Lag **der Garten Eden** im Neandertal?* zu nennen, gerade noch abwehren konnte.

Dieser gleichnishaft auf die Frage nach unseren Ursprüngen anspielende Titel erwies sich als ein schwerwiegendes Handicap, als Ende Juli 1997 und damit wenige Wochen vor dem Erscheinen des Buches ein Forscherteam um den Münchner Paläogenetiker Svante Pääbo - heute Direktor am Max-Planck-Institut für Evolutionäre Anthropologie in Leipzig - völlig überraschend die erfolgreiche Isolierung und Auswertung fossiler DNA aus den Knochen des namengebenden Neandertalers aus dem Rheinland bekanntgab. Das von den Molekularbiologen trickreich zusammengepuzzelte Erbgut unterschied sich den bahnbrechenden Analysen zufolge viel zu stark von demjenigen des heutigen Menschen, um den Neandertaler noch weiter in unsere direkte Vorfahrenreihe zu stellen.

Durch diese bis zu ihrer spektakulären Veröffentlichung sorgsam geheim gehaltene Forschungssensation, die in den Medien einschlug wie eine Bombe, war der allegorische Titel meines Buches, der sich so kurzfristig nicht mehr ändern ließ, bereits bei seinem Erscheinen im September 1997 für jedermann sichtbar überholt. Er stand in direktem Gegensatz zu den damaligen Zeitungsschlagzeilen, die in fetten Lettern verkündeten: *„Neandertaler war kein Vorfahr des heutigen Menschen.“* Der gesamte übrige, sehr viel umfangreichere Inhalt des 400 Seiten dicken Bandes blieb von der spektakulären Neuigkeit zwar im Grunde völlig unberührt und wurde in den nachfolgenden Jahren auch immer wieder von Sachbuchautoren und Wissenschaftsjournalisten bis hin zum ‚*Spiegel*‘ als ‚Quellensteinbruch’ und willkommene Recherchehilfe für markante Zitate und Anekdoten besonders aus der älteren Urgeschichtsforschung genutzt. (1)

Für den von mir erhofften großen Publikums- und Medienerfolg stand das Buch damals aber zu konträr zum wissenschaftlichen Zeitgeist, in dem die komplette Auslöschung der Neandertaler und die abrupte Herausbildung unseres Geistes und unserer Kultur vor gerade einmal 100 000 Jahren in Afrika nunmehr als unumstößliche wissenschaftliche Wahrheiten galten. So wurde der Band zum dankbaren Ziel für wohlmeinende journalistische Nachhilfe und Faktenkritik, (2) und es blieb für den Titel bei einem verhaltenen Achtungserfolg - die größte Resonanz fand er bei Lesern, die sich mit der Materie bereits ein Stück weit auskannten. Ironischerweise war ich also selbst zum Opfer der von mir beschriebenen Wirkungsmechanismen und Zeitgeistabhängigkeit der Wissenschaft geworden.

Heute, gerade einmal zwanzig Jahre später, ist der damalige Hype um den *‚Super-Sapiens‘*, den ich in meinem Buch so vehement kritisierte, bereits wieder weitgehend abgeebbt und hat sich als eine vorübergehende Modeerscheinung in der Urgeschichtsforschung erwiesen. Die ursprüngliche Herausbildung des *Homo sapiens* als neue biologische Art in Afrika ist mittlerweile durch zahlreiche Forschungsergebnisse eindeutig gesichert - doch ebenso die Vermischung dieses originär afrikanischen *Sapiens*-‚Prototyps‘ mit den anderen Altmenschenformen, die er nach seiner Ausbreitung aus Afrika überall in Eurasien antraf. Bis zu einem Drittel der Neandertalergene sollen aktuellen molekularbiologischen Resultaten zufolge im Erbgut der heutigen Europäer und Asiaten fortleben, so dass von einer restlosen Auslöschung dieses Altmenschen heute wohl kaum mehr die Rede sein kann. (3) Vielmehr scheint es in Anbetracht der neuen Forschungsergebnisse sehr viel zutreffender, die heutigen Europäer und Asiaten einerseits als originär ‚genetische Afrikaner‘, andererseits aber auch als regionale Nachfahren der Neandertaler und anderer eurasischer Altmenschenarten anzusehen, die Teile ihres Erbguts in die moderne Menschheit einbrachten und auf diese Weise zu ihrer Formung und Differenzierung beitrugen. Das Neanderthal-Museum in Mettmann hat diesem Umstand augenzwinkernd Rechnung getragen, indem es T-Shirts mit der Aufschrift: *„Ich bin stolz, ein Neanderthaler zu sein!“* zum Verkauf anbot.

Ein solch differenziertes und modifiziertes *Out of Africa*-‚Vermischungsmodell‘, das das immer schon extrem unwahrscheinliche und unverkennbar ideologisch gefärbte Überwältigungsszenario endlich über Bord geworfen hat, ist mit Sicherheit ungleich plausibler und wahrscheinlicher als die allzu pauschalen und rigorosen Ausrottungsmodelle der

1980er und 1990er Jahre. Es erscheint mir als zukünftige Forschungsgrundlage ohne weiteres geeignet, wobei ich persönlich erwarten würde, dass sich im Rahmen des jetzt schon erheblich differenzierten und veränderten neuen Modells die Elemente des genetischen Austauschs und des kulturellen Gebens und Nehmens in Zukunft als noch stärker erweisen werden als jetzt schon der Fall - doch bleiben hier die weiteren Forschungsergebnisse abzuwarten.

Wenn ich hingegen Fernsehdokumentationen sehe oder Zeitschriftenartikel lese, in denen auch heute noch vollmundig und ohne jede Einschränkung vom *„Siegeszug des Homo sapiens"* und *„unserem evolutionären Triumph vor 40 000 Jahren"* die Rede ist, dann schalte ich umgehend auf ein anderes Programm oder blättere weiter, denn die unkritisch-naive Verwendung solcher wohlfeiler Stereotypen und Selbstbeweihräucherungs-Floskeln noch im Jahr 2017 ist für mich ein untrügliches Indiz dafür, dass die Autoren von der Thematik nicht das geringste verstanden haben.

Anmerkungen

(1) Beispielsweise in der Titelgeschichte *„Todeskampf der Flachköpfe"* von Matthias Schulz im ‚Spiegel' 12/2000.

(2) Exemplarisch dafür stand eine immerhin fast ganzseitige Rezension von Jörg Blech in der Sachbuchbeilage der ‚Zeit' vom 14.11.1997: *„Martin Kuckenburg [vertritt] im Streit der Paläoanthropologen (...) die Meinung einer Minderheit".* - *„Neue genetische Analysen haben bestätigt: Wir stammen nicht vom Neandertaler ab. Die Wiege der Menschheit liegt in Afrika - nicht im Neandertal."*

(3) Molekularbiologen um Svante Pääbo, der 1997 einen nennenswerten Beitrag der Neandertaler zum Genpool der heutigen Menschheit noch weitgehend ausschloß, entdeckten im Jahr 2010, dass die heutigen Europäer und Asiaten doch zwischen zwei und vier Prozent Neandertalergene in ihrem Erbgut tragen. Angesichts dieses eindeutigen altmenschlichen Genanteils, der mittlerweile auch von anderen Forscherteams bestätigt und detailliert analysiert wurde, muss es definitiv doch in einem gewissen Umfang zu Vermischungen zwi-

schen diesen alteingesessenen Bewohnern Europas sowie Vorderasiens und den während der letzten Eiszeit in ihrem Lebensraum eingewanderten frühmodernen *Sapiens*-Menschen gekommen sein. Da in diesem individuellen Anteil von zwei bis vier Prozent ganz unterschiedliche Neandertalergene vertreten sind, könnte nach Schätzungen der Fachleute insgesamt bis zu einem Drittel des Erbguts dieser Altmenschen in den heutigen Bevölkerungen Eurasiens weiterleben. Vom Neandertaler als einem ‚abgestorbenen Ast‘ unseres Entwicklungsstammbaums läßt sich angesichts einer solchen Zahl wohl kaum mehr sprechen.

(4) André Leroi-Gourhan, *Die Religionen der Vorgeschichte*. Frankfurt/Main 1981, S.8 und 9.

(5) Robert H.Gargett in: Current Anthropology 32/1991, S.129/30.

(6) Als ‚Geburtsurkunde‘ der ‚Eva‘-Theorie gilt ein Anfang Januar 1987 in der britischen Wissenschaftszeitschrift *‚Nature‘* erschienener Aufsatz der amerikanischen Biochemiker Rebecca L. Cann, Mark Stoneking und Allan C. Wilson mit dem Titel *Mitochondrial DNA and human evolution* (*Nature* 325/1987, S.31-36). Darin berichteten die Forscher aus Berkeley über ihre Auswertung sog. *Mitochondrien-DNA* (= mtDNA) von 147 Frauen aus aller Welt, die allein von den Müttern an ihre Kinder weitergegeben wird, mittels eines Computerprogramms namens *Phylogenetic Analysis Using Parsimony* (abgekürzt PAUP). Mit Hilfe dieses damals viel benutzten Programms hatten die Molekularbiologen einen genetischen Stammbaum für ihre mtDNA-Daten rekonstruiert, der im Erbgut einer einzigen, vor ungefähr 200 000 Jahren in Afrika lebenden Frau wurzelte - der namengebenden ‚Eva‘. Ihre bahnbrechende Studie fand in der Folgezeit zahlreiche Nachahmer und galt fünf Jahre lang als das Nonplusultra der menschlichen Evolutionsgenetik. Im Februar 1992 geriet sie jedoch unvermittelt in die Kritik, als mehrere andere Forscher unabhängig voneinander die ‚Eva‘-Daten erneut und sehr viel sorgfältiger mit Hilfe von PAUP auswerteten und dabei zu völlig anderen Ergebnissen gelangten als das Team aus Berkeley. Unter anderem gewannen sie bei ihren zahlreichen Computerdurchläufen auch viele mögliche Stammbäume mit einer nichtafrikanischen Wurzel - siehe dazu u. a.: Marcia Barinaga, *‚African Eve‘ backers beat a retreat,* in: *Science* 255/1992, S.686-687 und Alan R. Templeton, *The ‚Eve‘ hypothesis - a genetic critique and reanalysis,* in: *American Anthropologist* 95/1993, S.51-72.

Es folgte eine heftige Forschungskontroverse (skizzenhaft nachgezeichnet in meinem Buch *Lag Eden im Neandertal?* auf S.95-116), die dem Ruf absoluter Exaktheit und Unfehlbarkeit, den die Evolutionsgenetik bis dahin genoß, einige unschöne Kratzer zufügte und unübersehbar deutlich machte, in welch hohem Maße auch genetische Daten einer keineswegs immer objektiven Deutung und Interpretation bedürfen. Die Evolutionsgenetiker haben aus dieser Kontroverse gelernt und gehen heute sehr viel vorsichtiger und kontrollierter mit ihren mittlerweile weit umfangreicheren und ungleich stärker differenzierten Datensätzen um. Aufgrund dieser methodischen Verbesserungen und der immer häufigeren Auswertung auch geschlechtsungebundener Zellkern-DNA kam der Begriff ‚Eva‘-Theorie seit der Jahrtausendwende mehr und mehr außer Gebrauch und wurde durch die allgemeinere Bezeichnung *Out of Africa*-Theorie ersetzt, die den Ursprung des modernen Menschen nurmehr in allgemeiner Form auf dem afrikanischen Kontinent verortet. Dieses wesentlich weiter gefaßte und offenere Modell ist mittlerweile durch zahlreiche Forschungen immer wieder aufs neue bestätigt und untermauert worden, so dass am Ursprung unserer wichtigsten ‚alten‘ Erbgutlinien in Afrika heute kein Zweifel mehr bestehen kann. Allerdings wurden im Gegensatz zu den früheren Vermutungen in jüngster Zeit auch deutliche Einsprengsel aus dem Erbgut anderer, vormoderner Menschenformen wie der Neandertaler in unserer heutigen Genausstattung nachgewiesen, so dass das früher dominierende *Out-of-Africa*-Auslöschungsszenario in den letzten Jahren einem deutlich komplexeren und gemäßigteren Vermischungsmodell gewichen ist - siehe dazu Anm. 3.

(7) Breiten Raum nahm diese Argumentation beispielsweise in einem 1996 von dem führenden britischen Paläanthropologen Chris Stringer und dem Wissenschaftsjournalisten Robin McKie veröffentlichten Buch mit dem Titel *African Exodus* (deutsche Ausgabe: *Afrika - Wiege der Menschheit.* München 1996) ein. *„Die afrikanischen Einwanderer verdrängten schließlich alle anderen menschlichen Spezies - die Neandertaler in Europa, die Java-Menschen und die Abkömmlinge des Peking-Menschen in China“*, faßten die beiden Autoren ihre dortigen Überlegungen in einem Artikel für die ‚*Zeit*‘ vom 15.8.1997 zusammen: *„Wenn die moderne Menschheit sich aus Abkömmlingen weniger afrikanischer Pioniere jüngeren Datums zusammensetzt, dann in klar, dass der Homo sapiens eine auffallend homogene Spezies sein muß. (...) Obgleich die modernen Menschen nicht alle exakt gleich aussehen - unter der Haut sind wir tatsächlich alle Afrikaner“.*

104

(8) Luca und Francesco Cavalli-Sforza, *Verschieden und doch gleich. Ein Genetiker entzieht dem Rassismus die Grundlage.* München 1994. Vgl. dazu aktuell beispielsweise auch den Artikel *Out of Africa: Eine Botschaft der Gleichheit* auf *Spiegel-online* vom 8.2.2014.

(9) Ziemlich ausführlich und mit dem Fokus auf Asien habe ich meine diesbezüglichen Vorstellungen und Überlegungen in dem gemeinsam mit Robert G. Bednarik verfaßten Buch *Nale Tasih - eine Floßfahrt in die Steinzeit* (Stuttgart 1999) auf S.49-72 zusammengefaßt (Kapitel: *Asien und das multiregionale Modell der Menschheitsentwicklung*). Ich hatte mich mit dem Thema etwa zehn Jahre lang nicht mehr intensiver beschäftigt und war bei einer kürzlichen Sichtung neuerer Fach- und Zeitschriftenartikel erstaunt festzustellen, wie zutreffend und aktuell meine damaligen Überlegungen immer noch sind. *„Es ist höchste Zeit, dass insbesondere auch der riesige asiatische Kontinent wieder mehr Aufmerksamkeit und Interesse findet, denn in seinem Boden schlummern nach Überzeugung aller, die dort geforscht haben, noch große Überraschungen, zahlreiche ungehobene Schätze - und viele wirksame Gegenmittel gegen eingefahrene euro- und afrozentrische Denkklischees"* - diese Feststellung aus dem genannten Buch von 1999 (S.51) gilt auch heute noch unverändert. Siehe dazu als aktuelles Beispiel: Jane Qui, *The forgotten continent.* In: Nature 535/2016, S.218-220 (deutsche Übersetzung; *Der vergessene Kontinent* auf spektrum.de vom 25. 8. 2016): *„Asien ist ein vergessener Kontinent. Seine Rolle in der Evolution des Menschen wurde bisher stark unterschätzt."* - *„Die Fundlage aus China und anderen Teilen Asiens belegt eine verwirrende Vielzahl von Spezies (...) und stellt die bisherigen Theorien zur Evolution der Menschheit zur Disposition."*

(10) So beispielsweise der amerikanische Paläanthropologe und *Out of Africa*-Kontrahent Milford Wolpoff bei verschiedenen Gelegenheiten.

(11) Eine Reihe von Beispielen für solche rassistischen Beurteilungen habe ich in meinem Buch *Lag Eden im Neandertal?* auf S. 35-38 zusammengestellt. So schrieb etwa 1863 der bekannte und ansonsten hochverdiente deutsche Biologe und Evolutionstheoretiker Carl Vogt, man müsse *„ganz gewiß das Gehirn der Buschmännin eher zu dem der Affen, als zu den weißen Menschen stellen"*. Und sein noch berühmterer und verdienterer Kollege Ernst Haeckel befand 1904: *„Diese Naturmenschen (z. B. Weddas, Australneger) stehen in psychologischer Hinsicht näher den Säugetieren (Affen, Hunden) als*

dem hochzivilisierten Europäer", weshalb auch *„ihr individueller Lebenswert ganz verschieden zu beurteilen"* sei.

(12) Wie bereits erwähnt haben molekularbiologische Untersuchungen mittlerweile gezeigt, dass die heutigen Europäer und Asiaten zwischen zwei und vier Prozent Neandertalergene in ihrem Erbgut tragen - insgesamt könnten nach Schätzungen der Experten bis zu 30 Prozent der Genausstattung dieser Altmenschen in den heutigen Bevölkerungen Eurasiens weiterleben, so dass vom Neandertaler als einem ‚toten Ast' an unserem Entwicklungsstammbaum wohl kaum mehr gesprochen werden kann (vgl. Anm.3).

(13) Während der Zusammenstellung dieses Essaybandes erschien ein Presseartikel, der diese Sichtweise auch heute noch fast unverändert wiedergibt: Ulrich Bahnsen, *Evolution: Familie Mensch.* In: *Die Zeit* 39/2016 sowie auf *zeit.de.* Eine detaillierte Übersicht zur Diskussion um die Sprachentstehung findet sich in meinem Buch: *Wer sprach das erste Wort? Die Entstehung von Sprache und Schrift.* 3. Auflage Darmstadt 2016, bes. S.68-75 und 93 ff.

(14) Siehe dazu etwa die Artikelfolge *The DNA of ancient migrations* in: Nature Nr. 538, 10/2016, S.179-180, S.201-214 und S.238-242.

Epitaph für den Neandertaler

Editorische Notiz

Das Hauptanliegen meines Buches *Lag Eden im Neandertal?* von 1997 und meiner nachfolgenden Titel *Als der Mensch zum Schöpfer* wurde (2001) und *Der Neandertaler* (2005) war die kulturelle Aufwertung und ‚Rehabilitierung' der Früh- und Altmenschen. Dieses Anliegen brachte mich mit einer Reihe gleichgesinnter Wissenschaftler in Kontakt, machte mich zum Mitautor des ‚goldenen' Jubiläumshefts zum 25. Gründungsjahr der Zeitschrift *GEO* (Oktober 2001) und führte mich Anfang 2002 sogar als Solo-Talkgast in eine dreiviertelstündige Interviewsendung des Schweizer Fernsehens in Zusammenarbeit mit 3sat. (1)

Zu diesem Zeitpunkt hatte sich das Meinungsklima im Bezug auf den Neandertaler bereits ein ganzes Stück weit verbessert, den man in der Fachwissenschaft wie in den Medien nun sehr viel positiver beurteilte und wahrnahm. Ausschlaggebend hierfür waren neue archäologische Erkenntnisse und Resultate wie beispielsweise der Nachweis hochentwickelter neandertalerzeitlicher Jagdtechniken, die Entdeckung komplexer Schmuckanhänger und -kolliers dieses Altmenschen sowie von Klebstoff aus Birkenrinde, den er in einem komplizierten Verschwelungsprozeß vor 80 000 Jahren selbst hergestellt hatte. Diese und andere Mosaiksteinchen machten das Zerrbild vom tumben und unfähigen Steinzeittrottel immer unglaubwürdiger und führten es letztlich ad absurdum. Auch die Eröffnung des neuen und hochmodern ausgestalteten *Neanderthal-Museums* in Mettmann, das sich unter der Leitung Gerd-Christian Wenigers seit 1996 umsichtig der Korrektur und Widerlegung der Vorurteile über diesen Altmenschen verschrieb, und die viel beachteten Neugrabungen von Ralf W. Schmitz und Jürgen Thissen im Neandertal 1997 und 2000, die reiche Funde erbrachten, trugen maßgeblich zur wissenschaftlichen und medialen Rehabilitierung des ‚Ureuropäers' bei. (2) Ich selbst hoffte gleichfalls, mit meinen *Eden-* und *Schöpfer*-Büchern von

1997 und 2001 einen bescheidenen Beitrag zu seinem unerwarteten Comeback geleistet zu haben, wobei mir die Grenzen meines Wirkungsradius stets schmerzhaft bewußt waren.

Über diese kulturellen Fragestellungen und Aspekte hinaus glaubte ich aber auch niemals an das komplette Erlöschen aller Neandertalergene, das im Zeichen der *Out of Africa*-Verdrängungstheorie und nach Svante Pääbos spektakulärer Auswertung fossiler Neandertaler-DNA im Jahr 1997 als wissenschaftlich gleichsam in Stein gemeißelt galt. 2005 schrieb ich zu dieser Frage am Schluß meines *Neandertaler*-Bandes: *„Wie die in diesem Buch nachgezeichnete Forschungsgeschichte lehrt, vollzogen die Auffassungen über diesen Altmenschen in der Vergangenheit regelmäßig alle 20 bis 30 Jahre eine Kehrtwendung. Auch was wir heute über ihn zu wissen glauben, wird in einigen Jahren nur noch Forschungsgeschichte sein, und vielleicht wird der Neandertaler ja bis dahin auch wieder als Menschheitsvorfahr auf den Schild gehoben."* (3) Diese damals noch sehr gewagte Prognose, mit der ich 2005 zumindest öffentlich ziemlich allein dastand, hat sich durch Pääbos aktuellen Nachweis von zwei bis vier Prozent Neandertalergenen im Erbgut der heutigen Eurasier gleichfalls zumindest teilweise als richtig erwiesen. (4)

Eingebettet hatte ich diese Voraussage in ein *Epitaph* - also eine Totenwürdigung oder ‚Grabinschrift' - am Schluß des *Neandertaler*-Buches, in der ich meiner Mißbilligung gegenüber dem in der Forschung wie in den Medien bis zur Jahrtausendwende üblichen ‚Neandertaler-bashing' ziemlich deutlich Luft machte. Ich wollte mit diesem aus dem Blickwinkel des Neandertalers geschriebenen Text, der auch den vorliegenden Band abschließen soll, bewußt emotional deutlich machen, für wie fragwürdig ich die aus dem bequemen Lehnstuhl oder dem gut klimatisierten Arbeitszimmer geäußerten kritischen und nicht selten hämischen Urteile und Kommentare über diesen Urzeitpionier und Eiszeitheros hielt. Darin enthaltene Formulierungen wie *„halbkundige Journalisten"* brachten mir zwar ein oder zwei bissige Kommentare ein, doch andererseits wurde der Text, den ich nach wie vor für ausgesprochen treffend und stark halte, in einer Radiosendung des WDR zum 150. Neandertalerjubiläum als eigener Wortbeitrag gesendet, und auch sonst erhielt der *Neandertaler*-Band von all meinen Paläolithikum-Veröffentlichungen mit Abstand die meisten und positivsten Kritiken. (5)

Rückblickend kann ich mit einer gewissen Zufriedenheit feststellen, dass meine damaligen Vermutungen und Prognosen nicht gänzlich falsch waren. Nur dieser Umstand macht es überhaupt möglich, die damaligen - immerhin bis zu zwanzig Jahre alten - Texte trotz des rasanten Forschungsfortschritts weitgehend unverändert in diesem Essayband zu veröffentlichen, ohne dabei überholte Behauptungen und ‚*Fake News*' in die Welt zu setzen.

Anmerkungen

(1)Martin Kuckenburg und Martin Meister, *Der Aufbruch in die ganze Welt*. In: GEO 10/2001, S.122-38. Wiederabgedruckt in: GEO-Themenlexikon Archäologie (Band 1). Mannheim 2007, 410-433. *Wie der Mensch zum Schöpfer wurde – Klara Obermüller im Gespräch mit dem Archäologen Martin Kuckenburg.* Sternstunde Philosophie vom 10.2.2002 auf Schweizer Fernsehen DRS und 3sat.

(2) Ein komprimierter Überblick über diese Ereignisse und Entdeckungen um die Jahrtausendwende findet sich in meinen Büchern *Als der Mensch zum Schöpfer wurde?*, S. 143 ff. und *Der Neandertaler*, S.297 ff.

(3) Martin Kuckenburg, *Der Neandertaler - auf den Spuren des ersten Europäers*. Stuttgart 2005, S. 306

(4) Siehe zu Pääbos Resultaten von 1997 und 2010 die Editorische Notiz und Anm. 3 des *Super-sapiens*-Essays in diesem Band.

(5) ‚*Urgestein*'/*SpielArt* auf WDR 5 am 30. 4. 2006.
ekz-Informationsdienst 1/2006: „*Eines der besten und am besten geschriebenen Neandertalerbücher überhaupt. Sehr empfohlen.* "

(6) Andreas Sentker, *Helden der Steinzeit*. In: ‚*Die Zeit*' vom 25. 3. 1999. ZDF-Nachtstudio vom 17. 5. 2000

(7) *Unser fähiger Vetter*. In: *GEO* 5/1999, S.179

Veröffentlichungen des Autors zur Entwicklungsgeschichte des Menschen

Lag Eden im Neandertal? Auf der Suche nach dem frühen Menschen. Econ Verlag Düsseldorf 1997 (2. Auflage 1999)

Als der Mensch zum Schöpfer wurde. An den Wurzeln der Kultur. Klett-Cotta Verlag Stuttgart 2001.

Wer sprach das erste Wort? Die Entstehung von Sprache und Schrift. Konrad Theiss Verlag Stuttgart 2004 (3. Auflage Darmstadt 2016).

Der Neandertaler. Auf den Spuren des ersten Europäers. Klett-Cotta Verlag Stuttgart 2005.

(Mit Robert G. Bednarik) Nale Tasih. Eine Floßfahrt in die Steinzeit. Jan Thorbecke Verlag Stuttgart 1999

(Mit Martin Meister) Der Aufbruch in die ganze Welt. In: GEO 10/2001, S. 122-138. Wiederabgedruckt in: Peter-Matthias Gaede/F. A. Brockhaus A. G. (Hg.), GEO-Themenlexikon Archäologie (Band 21). Mannheim 2007, S.410-433.

Ausführliches Fernsehinterview (seinerzeit auch auf Video erhältlich)

Wie der Mensch zum Schöpfer wurde - Klara Obermüller im Gespräch mit dem Archäologen Martin Kuckenburg. ‚Sternstunde Philosophie‘ vom 10. 2. 2002 (Schweizer Fernsehen DRS und 3sat, ca. 50 Min.).

Medienstimmen zu früheren Buchveröffentlichungen

„Kuckenburgs Verdienst ist es, (...) maßgeblich zur wissenschaftlichen Rehabilitierung des Neandertalers als frühes Kulturwesen beigetragen zu haben. "
**(Margit Brinke und Peter Kränzle
auf wissenschaft-online.de vom 9.6.2006)**

„Der Autor weiß als studierter Archäologe, wovon er schreibt, und versteht es als anerkannter Wissenschaftsautor, dieses Wissen einem breiten Publikum unterhaltsam und lehrreich zu präsentieren. "
**(Wilfried Rosendahl in: Spektrum der
Wissenschaft 9/2006)**

„Wie ein roter Faden zieht sich durch das Buch die Frage, die den Menschen schon immer beschäftigte: Woher kommen wir, wessen Abstammung sind wir und welche Merkmale sind für den Homo sapiens ausschlaggebend? "
**(Joachim Baumann im Deutschlandradio
am 9. 11. 2005)**

„Über die reine Wiedergabe hinaus bietet Kuckenburg eine ausführliche kritische Diskussion. "
**(Wilfried Rosendahl in: Spektrum der Wissenschaft
9/2006)**

„Kuckenburg stellt stets unterschiedliche Meinungen zu strittigen Sachverhalten abwägend vor. Die Altmenschenforschung wird so sehr verständlich. "
(Siegfried Schmidt in: Buchprofile 1/2006)